Gottfried Ebenhöh · STERNGESCHICHTEN

Eigenverlag
Dr. med. Gottfried Ebenhöh

Druck: Ellwanger Bayreuth, 2013
ISBN 978-3-00-044180-6
Alle Rechte vorbehalten

Umschlaggestaltung, Satz, Illustration:
www.andy-conrad.de

Gottfried Ebenhöh
STERNGESCHICHTEN

Mit Filmschabe-Illustrationen von Andy Conrad

Der „Goldene Stern"
Erlebnisse in einem fränkischen Gasthof
1953 - 1963

Geschichten, Erlebnisse und Personen aus der Kindheit und Jugend kommen uns, je älter wir werden, immer mehr wie eine Erzählung von der „guten alten Zeit" in den Sinn. So entstand die Idee, manche mich nachhaltig verfolgenden Begebenheiten und Begegnungen in meinem zeitweiligen Zuhause, dem „Gasthof Goldener Stern" in Pegnitz, zu Papier zu bringen. Es geht eigentlich nur um zehn Jahre, sie haben aber in der Rückschau eine besondere „Erlebnisqualität". Der „Goldene Stern", Gasthof und Metzgerei, war damals eine Institution in Pegnitz.

Etwas zur Historie und „Topographie".
Gegründet wurde der Gasthof in den siebziger Jahren des 19. Jahrhunderts, als die Eisenbahn von Nürnberg aus weiter in Richtung Hof und Mitteldeutschland vorgetrieben wurde. Der Stern liegt am „Bahnhofsteig", denn seine Erbauung hängt unmittelbar mit der Eisenbahn zusammen und er sollte von der jetzt einsetzenden Industrialisierung von Pegnitz profitieren. Die Stadt - das „Kaff", würde man vielleicht heute sagen - hatte das Glück, direkt an einer der wichtigsten Bahnlinien in Bayern und im Reich gelegen zu sein. Sie wurde dann sogar Schnellzughaltestelle, was die so viel berühmtere, benachbarte „Wagnerstadt" Bayreuth im Übrigen niemals erreicht hat. Bis 1967, als das Eisenerz-Bergwerk endgültig geschlossen wurde, gingen tagtäglich gewaltige Güterzüge mit Erz zur Verhüttung nach Linz von Pegnitz ab. Schnellzüge, Güterzüge, „Bockelzüge", Triebwagen: all das rauschte oder zockelte unmittelbar am Stern vorbei: „Bahnhofsteig 1" die Adresse!

Wer vom Bahnhof kam, von der AMAG, dem Bergwerk oder von der Post seinen Weg in die Stadt nahm oder weiter in die „Siedlung" musste, kam am Stern vorbei. Man ging noch zu Fuß von der Arbeit

nach Hause und fast alle liefen durch die Unterführung am Bahnhofsteig, die heute noch wie ein finsteres Loch unter den Bahngleisen
durchführt - gleich vor oder neben dem Sterngarten - einem reizvollen
Biergarten mit alten Lindenbäumen. Zum Sterngarten gehörte damals
eine alte Laube, die nur durch einen Zaun von den Bahngleisen getrennt
lag. Die Funktion als überdachten Freisitz des Biergartens hatte diese
Laube schon lange wegen ihrer Baufälligkeit verloren und diente nur
noch als Lager für die Biergartenmöbel und für manches Gerümpel.

Der Stern war jahrzehntelang das Arbeiterlokal von Pegnitz: Versamm-
lungs- und Tagungslokal der SPD und bei Bedarf das Streiklokal der
Gewerkschaft, im Vorderhaus befand sich etliche Jahre das Büro des
Deutschen Gewerkschaftsbundes. Außerdem war er Stammlokal vieler
Vereine, ehe das Aufkommen der Vereinsheime - der Schützen, des ASV
und des FC - der eingesessenen Gastronomie Probleme bereiten sollte.

Gegenüber dem Stern hatte die „Hammerand-Else" ihren Milchladen.
Dann weiter hinten, jenseits der „Schleifers-Wiese" lag das Kalkwerk
der Firma Wiesend. Zum Wiesend-Areal gehörte auch ein Bauernhof,
den die Familie Schleifer, Flüchtlinge aus Schlesien gepachtet hatten.
Links am Bahnhofsteig in Richtung Stadt, nach dem Wohnhaus der
Familie Wiesend lag das Amtsgericht und dann wieder rechts gegenü-
ber das Forstamt. An das Amtsgericht schloss sich die Kolonialwaren-
handlung der Horvaths an und im Hintergebäude führte der dama-
lige, erste Chefarzt des Krankenhauses, Dr. Mauelshagen, seine Praxis.
Die Horvaths - Heimatvertriebene wie meine Eltern - hatten erst ihr
Geschäft in dem Kiosk gegenüber der AMAG-Pforte, vor oder hin-
ter der großen Wiese - wie man es betrachtet - welche später zum
KSB-Parkplatz wurde. In dem Kiosk hatte auch der „Wagners Kunz",
„Schnell-Bader" genannt, seinen Salon.

Zugegeben, da bin ich etwas abgeschweift, denn eigentlich geht es ja
um den Stern. Trotzdem ist die Umgebung über den Bahnhofsteig
hinaus auch wichtig.

„Gasthof mit Metzgerei" war die Unternehmung, die meine Eltern nach Pegnitz brachte. Am 1. Januar 1953 kamen wir an. Ich durfte das erste Mal in meinem Leben in einem Lastwagen mitfahren, auf dem Beifahrersitz eines Bierautos der Brauerei Knopf. Das lenkte mein Onkel, der „Reiniger-Sepp", mein Vater hatte zu der Zeit noch keinen Führerschein. Mit dem Bierlaster wurde der bescheidene Hausrat unserer Familien aus Ansbach nach Pegnitz verfrachtet. Vorher hatten meine Eltern fünf Jahre lang den „Goldenen Apfel" geführt, ein „Traditionsgasthaus" in Ansbach, an dem gewaltig der Zahn der Zeit genagt hatte.

Der allererste Eindruck, den ich vom Stern und Pegnitz hatte, war grau und düster und gar nicht einnehmend. Für meine damaligen Begriffe war der Stern ein Riesenhaus mit unendlich vielen Kammern und vielen fremden Leuten darin. Die Gaststube mutete finster und schmucklos an, das Nebenzimmer - der „Saal" - glich eher einem Stall. Und unter dem Dach wohnten noch Leute, die eigentlich ihre Wohnung schon längst für uns hätten räumen müssen. Doch der anfängliche negative Eindruck legte sich rasch. Wir kamen in Kontakt mit vielen freundlichen und aufgeschlossenen Leuten und für einen Jungen war das Haus und das ganze Anwesen ein regelrechter Abenteuer-Spielplatz.

Mit Hilfe der Brauer-Familie Knopf wurde das Anwesen renoviert. Durch die Anstrengungen meiner Eltern und Großeltern und das Wohlwollen vieler Pegnitzer wurde der Stern damals zu einer bekannten und guten Adresse.

Was sich in diesen Jahren - von meinem fünften bis zum 15. Lebensjahr - an amüsanten Dingen ergab, erzähle ich in den „Sterngeschichten". Ich will von Typen und Originalen, von Lustigem und vielleicht auch Traurigem, von Aufbruch und Beständigem berichten.

Gottfried Ebenhöh

Der alte Kreisbaumeister

Einer der exquisiten Stammgäste im Stern war der alte Kreisbaumeister, unbestritten ein Pegnitzer Original. Er kreuzte meist nur im Winter auf und ausschließlich dann, wenn es Schlachtschüssel gab. Damals war er schon weit über 80 Jahre alt, aber trotz seines Greisenalters hatte er etwas Kerniges, Unverwüstliches - schließlich war er ja auch Jäger.

Wenn er im Stern auftauchte, gegen Mittag, eben, wenn die „Schipf" fertig sein musste, erschien er in voller Ausrüstung: schwere Filz-Jagdstiefel mit Wickelgamaschen, Lederhose, ein gewalkter Jagdrock über einem Strickjanker und auf dem Kopf einen Jagdhut von der Art, wie ich ihn nur einmal auf einem Bild des alten Prinzregenten Luitpold

gesehen hatte. Über der Schulter trug er eine Jagdflinte. In seinem Gefolge erschien der Max, ein ebenfalls schon betagter Rauhaardackel mit einem ungemein herzigen Blick, halt dem richtigen Dackelblick. Der alte Kreisbaumeister Weiß war nicht unbedingt von beeindruckender Statur, eher untersetzt, vielleicht war er früher mal einen Meter fünfundsechzig groß gewesen. Sein rundes Gesicht wurde von zahllosen Falten durchzogen, die mir in der Erinnerung als Lachfalten erscheinen, denn sie gaben seinem Gesicht etwas Verschmitztes, auch wenn seine Mimik durch einen Alters-Parkinson schon etwas eingeschränkt war. Dagegen hatte er lebhaft bewegte Äuglein mit einem Blinzeln, welches auf Alterssichtigkeit oder einen grauen Star schließen ließ - sicher ein nachteiliger Umstand für einen passionierten Jäger und Schützen. Seinen rundlichen Schädel zierten spärliche, schlohweiße Haare und unter der Unterlippe trug er ein neckisches Bärtchen, eine sogenannte Fliege, wie sie einst Ludwig XIV. zur Mode machte.

Er tauchte nie mit einer Jagdtrophäe im Stern auf, obwohl er immer den Anschein vermittelte, dass er geradewegs von der Pirsch kam.

Sowie draußen Schnee lag, hinterließen seine mächtigen Stiefel beim Gehen eine Wasserspur von der Garderobe bis hin zu seinem Stammplatz am unteren Ende des Stammtisches. Ich schlussfolgerte deshalb, dass er wohl nicht von der Entenjagd kam, denn man erzählte am Stammtisch immer, dass der Alte auf Entenjagd im Schnee nur mit fünf Paar Socken an den Füßen, nie aber mit Stiefeln unterwegs sei - zwecks der Geräuschunterdrückung beim Pirschen. Das Hinterlassen von „Feuchtigkeit" war eine Eigentümlichkeit des alten Kreisbaumeisters. Dazu komme ich später.

Sobald er das Lokal betrat und wenn es draußen Schnee gab, sauste sofort jemand vom Personal los, um einige Flaschen „Märzen" im Hof - einsehbar von seinem Stammplatz - in den Schnee zu stecken. Er misstraute den damaligen Kühlvorrichtungen und wollte stets auch den sichtbaren Beweis für ein eisgekühltes Bier haben. Das war eine Marotte, welche auch den Dokter auszeichnete, doch das ist eine andere Geschichte. Es waren im Laufe des Tages so deren zehn, nicht selten fünfzehn Flaschen Märzenbier, die der Kreisbaumeister in sich hineingoss.

Bezüglich des Essens, bei der Schipf, war er sehr eigen. Er verlangte als unverzichtbaren Bestandteil immer einen „Dreckbohrer", d.h. den Schweinsrüssel. Der musste - wie auch die Schweinsbacken, Ohren, Haxen - unbedingt „zweckert" sein, das heißt auf Fränkisch „net lätschert", auf Deutsch vielleicht „kernig" - eben halt zweckert.

Die fünf bis acht Liter Bier vom Mittag bis zum Abend zeigten natürlich ihre Wirkung. Wenn der Kreisbaumeister anfangs noch den Weg ins „Häusl" fand, wurde das nach und nach für ihn anstrengender und war schließlich gar nicht mehr möglich. Der Körper wird nämlich, gewaltig vom Märzen durchtränkt, schwer wie Blei. Aber Bier sucht nach den physiologischen Gesetzen unaufhaltsam einen Weg nach draußen. Für die Umgebung war das kein Problem, wenn der „alte Weiß" seine Lederhose anhatte. Am Verhalten vom Max war das Malheur zu erkennen, indem plötzlich sein sprichwörtlicher Dackelblick noch treuherziger wurde und ein leises Winseln zu vernehmen war. Dazu überkam das Hundchen eine auffallende motorische Unruhe - eine Unruhe, die seinem Herrn absolut abging. Der Max hatte seinen Ruhe- und Warteplatz direkt unter der Bank, hinter den Füßen seines Herrn. Ging der nach draußen, ins Häusl oder sonst wo hin, stand auch der Max auf und begleitete ihn in seiner gemächlichen, dackelbeinigen Fortbewegungsart. Manchmal soll er dort auch gewisse unverdaute Magen-Absonderungen seines Herrchen beseitigt haben, wie erzählt wird.

Der Nachhauseweg war nach so einer Jagdtour mit Einkehr bis weit in die Nacht natürlich ein Problem. Da kam dann mein Onkel, der „Reiniger Sepp" ins Spiel. In ihn setzte der alte Herr das größte Vertrauen, was den Automobilismus und andere praktische Angelegenheiten betraf. Der Kreisbaumeister wohnte mit Tochter und Schwiegersohn in einem hübschen Häuschen, standesgemäß in einer richtigen kleinen Villa, am Buchauer Berg. Nur Onkel Sepp durfte ihn nach Hause chauffieren.

Es war wieder so eine Winter-Jagd-Wirtshaus-Schlachtschüssel-Tour gewesen, als mein Onkel den Kreisbaumeister - wie oft erlebt - spät nachts am Buchauer Berg ablieferte. Die paar Meter von der Gartenpforte bis ins Haus sollte der alte Herr wohl alleine schaffen, dachte mein Onkel, denn es hatte heftig zu schneien begonnen und er wollte schnell nach Hause kommen. Am nächsten Morgen, in aller Frühe, ein dramatischer Anruf der Tochter: Der Vater sei nicht nach Hause gekommen! Wo könnte er denn sein? Der Sepp sei doch immer zuverlässig! Was ist passiert?

Mein Onkel war um sechs Uhr morgens nicht zu erreichen und so fuhr mein Vater unverzüglich - in fast ebenso starker Besorgnis wie die Anruferin - zum Haus am Buchauer Berg. Der Weg von der Gartentüre zum Hauseingang war dick verschneit, keine Spuren waren mehr zu sehen. Er ging durch den Garten zur Haustürtreppe, klingelte und traf auf die aufgelöste Tochter des Kreisbaumeisters. Heftige Vorwürfe hatte er sich gleich anzuhören, wie er mir später erzählte. Dann erschien der Schwiegersohn, ein nüchterner Mann, der eins und eins zusammenzählen könne - wie man sagt. Er guckte auf den Weg, zum Treppenabsatz, und da fiel ihm ein Haufen auf, der dort nicht hinpasste. Mit einem Besen wurde rasch ein eingeschneiter Kreisbaumeister freigelegt, immer noch tief schlafend, lebend, mit steifgefrorener Hose und insgesamt - Gott sei Dank - nur leicht unterkühlt. Tochter und Schwiegersohn schafften es, ohne notärztlichen und sonstigen Beistand, den Vater wieder zu revitalisieren. Nach diesem Vorfall wurden die Jagd- und Schlachtschüssel-Ausflüge des Kreisbaumeisters wegen der heftigen Einwände von Tochter und Schwiegersohn nachhaltig unterbunden.

An meinem Onkel hatte der alte Kreisbaumeister irgendwie einen Narren gefressen. Für seine Dienstleistungen wollte er ihn angeblich entschädigen, indem er versprach, ihn testamentarisch zu berücksichtigen: Er könne sich in „seinem Holz" einen Baum aussuchen, müsse ihn nur selbst fällen und abtransportieren. Als er gestorben war, gab es zwar noch das „Holz", das hatte allerdings schon jeher dem Landkreis gehört. Der Baum, den sich mein Onkel bereits angesehen und markiert hatte, war demnach in der Verfügung von jemand anderem und nicht in der des großzügigen Erblassers.

Originale, Schlitzohren, „Haabücherne" und ähnliche Naturen scheint unsere Gegend wohl besonders häufig hervorzubringen. Schade nur, dass sie immer seltener werden.

Beginnende Motorisierung

Die Motorisierung im Stern begann mit einem nicht mehr ganz rüstigen DKW-F8-Pritschenwagen, der noch aus Kriegsproduktion stammte. Motorisierung war notwendig, denn man konnte, sollte das Geschäft erweitert werden, nicht alles und jedes - vor allem das Schlachtvieh - von einem wohlwollenden Kollegen nebenbei oder vom Bauern anliefern lassen. Die Anschaffung dieses preisgünstigen Oldtimers erschien zunächst als die wirtschaftlichste Lösung für den Betrieb - was sich bald als Trugschluss erweisen sollte.

Der „F8" hatte noch eine Holzkarosserie, Führerhaus und Dach bestanden aus einer Art lackierter Pappe, wie damals auch beim Lloyd, dem berühmten „Leukoplastbomber". Der Wagen besaß einen angeblich fortschrittlichen Frontantrieb mit einem querliegenden 2-Takt-Reihenmotor, 700 ccm Hubraum mit 20 PS Leistung; über die „Geschwindigkeit" war schwerlich etwas zu sagen. Bei der stattlichen Länge von fast 4 m betrug jedoch die Ausdehnung der Pritsche - d.h. der Ladefläche - nur etwas mehr als 1.50 m. Die Mitte der Pritsche, folglich der Schwerpunkt, lag genau über der Hinterachse und damit hatte das Gefährt eine ganz tückische Eigenschaft: war die Fahrerkabine unbesetzt und der Benzintank ziemlich leer, konnte es passieren, dass das Fahrzeug einfach nach hinten umkippte, wenn man die Ladefläche ganz am Heck beschwerte. Das musste man beim Beladen beachten.Um auf einem Pritschenwagen Schweine zu transportieren, kann man diese nicht einfach drauf werfen, irgendwie anbinden und dann los fahren. Seinerzeit wurden für den Transport von Schweinen von Metzgern, Viehhändlern oder Bauern noch sogenannte Schweinekisten benutzt; Holzkisten, die vorne und hinten je ein Ausziehgatter hatten und die von zwei Leuten getragen werden mussten. Diese Transportgestelle waren aber länger als die gesamte Ladepritsche des DKW und bei dessen Kippneigung war eine ausgefeilte Strategie zum Be- und Entladen erforderlich. Der Kasten wurde deshalb meist für die Fahrt schräg auf die Pritsche gestellt und verzurrt, damit keine Schwerpunktprobleme zu erwarten waren. Auf diese Weise konnte immer nur ein Schwein transportiert werden - recht unwirtschaftlich! Das Beladen des „Lastwagens" - wenn zwei kräftige Männer eine lange, mehr als zwei Zentner schwere Kiste mit dem ängstlich gereizten und laut quiekendem Schwein auf die Pritsche hievten - war immer eine respektable Leistung. Besonders geglückt erschien mir aber einmal eine Entladung, bei welcher der missliche „Kippmechanismus" des DKW sich als hilfreich erwies. Mein Vater - er wollte angeblich ohne Fremdhilfe allein abladen - rückte die Kiste in der Längsrichtung nach hinten und trieb das Schwein zur Ausgangsklappe: der Wagen kippte, die Kiste rutschte nach und stand schräg am Boden auf. Jetzt wurde die Auslassklappe hochgezogen, das erschrockene Schwein herausgezerrt und der Transporter kippte umgehend wieder in die Horizontale. Genial! Diese Technik wurde aber nicht oft praktiziert, da sie sicher nicht gut für das ohnehin klapperige Gefährt schien.

Die Kippneigung war aber nicht die einzige Tücke dieses Wagens. Mein Onkel musste einmal auf einer Fahrt auf der Autobahn von Bayreuth nach Pegnitz erleben, dass ihn in der Trockauer Senke plötzlich links ein Autoreifen überholte: ein Hinterrad hatte sich einfach während der Fahrt gelöst und selbständig gemacht. Die Sache ging aber Gott sei Dank ohne Schaden und glimpflich aus.

Nicht so bei meinem Vater einige Tage später. Natürlich hatte man sich überzeugt, dass nach dem Vorkommnis die Radbefestigung wieder in Ordnung war, was sich schließlich als Irrtum erwies. Mein Vater fährt mit dem Wagen in die Stadt. Beim Einbiegen in die Hauptstraße auf der Konsumbrücke saust plötzlich ein Autorad links am Wagen vorbei, hinein in die Hauptstraße, mit Schmackes auf den Gehsteig und auf das Haus vom Rixner zu. Der Schwung treibt den Reifen an der Hauswand hoch und der trifft die schon etwas reparaturbedürftige Dachrinne, die denn krachend in Einzelteilen nach unten fällt. Welch Glück, dass kein Mensch vom Reifen oder von der herabfallenden Dachrinne getroffen und verletzt wurde!

Meinem Vater brachte die Sache ein saftiges Ordnungsgeld ein - wegen Gefährdung der öffentlichen Sicherheit - der Rixner Max bekam eine neue Dachrinne.

Nicht lange danach war das Schicksal des ersten Autos, das die Familie Ebenhöh besaß, besiegelt. Der „schöne Lothar aus Luzern", ein Schweizer, damals Metzgergeselle im Stern, stibitzte sich eines Abends die Autoschlüssel und machte sich mit dem fahrbaren Untersatz auf den Weg zu einem Stelldichein. Als Motorisierter habe man Vorteile bei der Damenwelt, dachte er wohl. Als er am nächsten Morgen den Wagen wieder heimlich abstellen wollte, hätten die Bremsen versagt - so zumindest äußerte er sich nach der Entdeckung seiner Missetat - und er landete an einer Hausecke des Sterns. Die Überprüfung ergab einen Schaden an Achse und Motoraufhängung: bei dem Vehikel nicht mehr eine Reparatur wert. Das war nun keineswegs so ganz schlimm, denn nicht erst seit der Reifenvorkommnisse hatte man sich für ein neues Gefährt entschieden und das stand schon beim Auto-Graumüller abholbereit nebst Anhänger. Der „schöne Lothar" aber - es war nicht sein erster Schnitzer als Geselle - musste sein Ränzchen packen und konnte sich wieder „auf die Walz" begeben.

Die Großmutter

Gegensätze ziehen sich an - das galt beispielhaft für meine Großeltern: der Großvater schlank und groß gewachsen - die Großmutter klein und vergleichsweise rundlich, er von heiterer Gelassenheit - sie eher immer irgendwie sauertöpfisch. Die Kontrastierungen wären leicht fortzusetzen, würden aber den Personen nicht gerecht werden. Ich erinnere mich nicht, an meiner Großmutter jemals ein farbiges Kleidungsstück oder gar Schmuck gesehen zu haben, sie lief immer in dunklen Sachen umher und in der Öffentlichkeit ließ sie sich nur mit Kopftuch blicken. Sie war eine willensstarke und durchsetzungskräftige Frau und spielte eine wichtige Rolle im Stern - nicht nur als „oberste moralische Instanz".

Wegen ihr wurde das Stern-Anwesen vorübergehend in einen landwirtschaftlichen Betrieb verwandelt. Sie hatte von allen älteren Mitgliedern der Familie die Vertreibung und den Verlust der Heimat und des Eigenen am wenigsten verkraftet. Lange Zeit glaubte sie, dass sie und ihr Mann in die alte Heimat auf das kleine Gehöft zurückkehren könnten. Je mehr sie erkennen musste, dass dies aussichtslos sei, um so verbitterter wurde sie - so hatte man zumindest den Eindruck. Man kam ihr also in den ersten Jahren im Stern insofern entgegen, als sie auf dem Areal eine Art bäuerlichen Kleinbetrieb aufbauen konnte, bzw. dass sie diese Illusion pflegen durfte.

Haustiere waren für sie - wie auch für meine Mutter - sehr wichtig. Bald wurde ein Hund angeschafft, genau dieselbe Rasse und mit gleichem Namen gerufen, wie eines der einst im Böhmerwald zurückgelassenen Tiere. Im Nebengebäude, das u. a. aus Garage, Werkstatt und Waschküche bestand, wurde ein aufgelassener Stall für Hühner und ein Schwein wieder instand gesetzt. Im Frühjahr wurde ein Dutzend Enten angeschafft, die bis zum Herbst gemästet werden sollten. Dazu gab es den großen Garten für den Anbau von Gemüse und vor allem von Blumen. Den Blumenschmuck für den Gasthof ließ sich die Großmutter besonders angelegen sein. Alles, was sich je nach Jahreszeit für Blumenkästen und Vasen eignete, stammte aus ihrer Zucht: Schneeglöckchen, Primeln und Narzissen im Frühjahr, dann Geranien, Fuchsien und Nelken, schließlich im Herbst Astern und Dahlien, dazu bunte Strohblumen für Gestecke im Winter.

Ihre „Menagerie" grenzte man jedoch bald ein. Nach zwei Schweine-Aufzuchten war Ende, die Entenzucht - ohnehin nicht „artgerecht" - wurde ebenfalls nach einer Saison eingestellt. Hühner gab es noch länger. Da es aber kaum etwas Ekligeres als Hühnerkacke gibt und weil diese Tiere auch rücksichtslos sind, was die Inbesitznahme eines Terrains angeht, war auch damit bald Schluss.

Es zeigte sich ein ganz paradoxer Zug im Wesen meiner Großmutter: so fürsorglich und liebevoll, wie sie das ganze Jahr mit ihrem Federvieh umging - so lockte sie es stets mit einem süßen „Wiewala, Wiewala, kommt´s meine Wiewala" - so empfindungslos und grausam erschien sie mir, wenn es den Hühnern oder Enten an den Kragen ging. Nicht

nur das selbst aufgezogene Geflügel, auch die jedes Jahr vor Weihnachten im Dutzend angelieferten Gänse, gingen durch ihre Hände. Man konnte gar nicht so schnell gucken, wie von ihr einem „Wiewala" oder einer Gans, nach kurzer Liebkosung, „ratz-fatz", mit einer kaum sichtbaren Drehung des Daumens der Kragen leidenschaftslos umgedreht wurde. Ein Dutzend Gänse oder Enten rupfen, das dauerte dann bei ihr keinen Nachmittag. Die Enten- und Gänsefedern wurden natürlich weiter verwertet; ich selbst schlief lange Jahre in einem Federbett mit Enten- und Gänsedaunen, die meine Großmutter „geschleißt" hatte.

Großmutter war morgens die Erste, die sich im Haus zu schaffen machte. Ihr Tag begann um fünf Uhr und sie kümmerte sich zunächst darum, das Küchenfeuer in Gang zu bringen. Dann kochte sie Kaffee für meinen Vater, der zur selben Zeit seinen Arbeitstag begann; den von ihr bereiteten Bohnenkaffee schätzte er besonders. Anschließend wurde für alle anderen der Muckefuck aufgesetzt und danach kümmerte sie sich um ihr Getier und was sonst in ihrer Landwirtschaft anfiel.

Wenn man sie nicht bei der Arbeit sah, am Feierabend oder sonntags auch mal einige Stunden untertags, las sie in der „biblischen Geschichte", sprich in ihrem Gebetbuch - oder betete einen Rosenkranz. An der Welt draußen interessierte sie nur das, was der Pfarrer in der Sonntagsmesse sagte und was im „Sudetendeutschen Heimatboten" stand. Als das Fernsehen in den Stern kam, war das für sie zunächst befremdlich und auf irgendeine Art staunenswert. Das erste Mal sah man sie vor dem Fernseher sitzen, als 1958 die Trauerfeierlichkeiten zum Tod von Papst Pius XII. übertragen wurden. Das war zwar mitten in ihrer Arbeitszeit, ungeachtet dessen saß sie - natürlich mit einem Rosenkranz in der Hand - vor dem neumodischen Kasten. Freilich interessierte dann auch die Weihe von Johannes XXIII., die ebenfalls im TV übertragen wurde. An Ostern wurde regelmäßig der Segen des Papstes, „Urbi et Orbi", von ihr am Bildschirm „empfangen".

Der Glaube war ihr am allerwichtigsten und sie achtete darauf, dass jeder in der Familie seiner Christenpflicht nachkam und am Sonntag in die Kirche ging - auch zur Beichte - und dass die Fastengebote gehalten wurden. Am Freitag durfte es im Stern beim Stammessen kein Fleisch geben. Es war dann traditionell - von den Stammgästen gern angenommen - der Tag für böhmische Mehlspeisen, Eintöpfe oder Fischgerichte. Wer am Sonntag nicht zu Kirche ging, war „ein Heid" - neben „Dingerich" die schlimmste Beschimpfung, die sie zur Verfügung hatte. Mein Vater war für sie ein „Heid", weil er den Sonntag als einzigen Tag in der Woche zum Ausschlafen nutzte. Später kam sie einmal dahinter, dass ich öfter die Sonntagsmesse schwänzte und stattdessen am Wiesweiher den Handballern zusah. Da schleuderte sie mir ein erbostes „Was bist du nur für ein Heid!" entgegen. Von da an stand ich im selben schlechten Ansehen wie mein Vater. Ich strengte mich aber an, ihr zu Lebzeiten keinen Anlass für den Verdacht zu geben, dass mit mir „Sünden zu fürchten" wären.

Neun Jahre nach Verlassen des Sterns, kurz nach dem Tod ihres Mannes starb sie im gesegneten Alter von 82 Jahren. Ohne sie wäre der „Stern" nicht im ausgesprochenen wie im übertragenen Sinn zu dem „Gestirn" geworden, von dem hier erzählt wird.

Unter dem Dach

Als wir in den Stern einzogen, hausten unter dem Dach im 2. Obergeschoss mit seinen sechs Kammern noch der Vorpächter mit seiner Familie, daneben Frau Martin, eine Kriegerwitwe mit ihrem erwachsenen Sohn („Ausgebombte" hieß es) und schließlich Adam H., Junggeselle, Gelegenheitsarbeiter und zeitweise Faktotum des Sterns.

Als die Familie B. mit ihren drei Kindern im Lauf des Jahres 1953 ausgezogen war, kamen dann die Reinigers, Onkel Sepp, Tante Mietz und mein Cousin Schorsch, aus Ansbach nach und bewohnten zwei Dachkammern, bis sie bald in der „St.-Josef-Siedlung" am Kellerberg eine komfortablere Wohnung fanden.

Frau Martin war eine feine Dame, hochgewachsen, schlank, das weiße Haar zu einem Nest gebunden, ständig eine Art Stola über den knochigen Schultern, Handschuhe und immer lange dunkle Röcke oder Kleider. Mit ihrem Sohn schien etwas nicht in Ordnung. Irgendwie war er anders, zwar lächelte er stets freundlich, wenn er uns Kinder sah, doch sprach er kein Wort mit irgendjemandem. Er zeigte sich tagaus, tagein in Anzug und Krawatte fein gekleidet, doch hatte er trotz des glatten und jugendlichen Gesichtes schon graue Haare. Er sei wie seine Mutter verschüttet gewesen, hieß es und habe davon einen Knacks behalten. Woher die Martins eigentlich kamen und wo sie geblieben sind, weiß ich nicht. Ich weiß nicht, welche erschütternden Geschehnisse die beiden im Krieg erfahren hatten, ich kann darüber nur phantasieren – genauso wie über ihr weiteres Schicksal.

Wovon Adam H., das Faktotum, eigentlich lebte, war nicht eindeutig. Mal war er Vertreter für Süßwaren, ein Job, den er verlor, weil er den Inhalt seines Musterkoffers immer selbst verspeiste. Dann war er wieder mal Knecht bei einem Bauern oder nahm Gelegenheitsarbeiten im Stern wahr, wie z.B. die Entleerung der Latrine beim Umbau des Stern 1954.

Zum Hausstand der Reinigers gehörte anfangs auch eine Katze: ein noch junger, schwarzer Kater mit blauen Augen (!), namens Peterle. Er war der Liebling von Tante Mietz - aber nicht lange. Die erste Misse-tat war die Zweckentfremdung einer Bratpfanne als Katzenklo mittels eines heftig stinkenden, dort abgelegten Haufens. Dann passierte Fol-gendes: auf dem Weg nach oben kam der Tante Mietz ihr Peterle auf der Treppe, wohl nach einem Beutezug auf dem Dachboden, entgegen. „Ach mein Peterle!", meinte die Tante und hob den Kater hoch, um wie üblich beim ersten Wiedersehen mit ihm zu schmusen. Gerade als sie ihn an ihre Wange schmiegen wollte, fielen ihre Augen auf etwas Glattes, Langes, Spitzes und Graues, das dem Kater aus dem Mund hing: der Rest dessen, was von einer eben erbeuteten Maus noch übrig war. Ein schriller Schrei und nachfolgende heftige Beschimpfungen, des jetzt „schwarzer Teufel" genannten Tieres, zeugten dann vom Ende der Zuneigung.

Im Jahr 1955 waren die Dachbewohner alle ausgezogen und die Kam-mern damit endlich frei, denn man brauchte jetzt für das Personal ausreichend Unterkünfte: für zwei oder drei Dienstmädchen, eine festangestellte Bedienung und den Metzgergesellen. Nur drei der Kammern hatten einen Ofen und konnten beheizt werden. So waren immer wieder Kompromisse und behelfsmäßige Lösungen erforderlich.

Um eine Angestellte bei Laune zu halten, kamen meine Eltern auf die Idee, mich in das Dachgeschoss zu verfrachten und mein bisheriges Zimmer mit Zentralheizung der Bedienung zu überlassen. Ich war einverstanden, denn es war für mich ein interessantes Unternehmen. Die mir zugewiesene „Mansarde" lag regelrecht eingezwängt unter dem Dach und hatte ein besonderes Flair und ganz wichtig, am Abend und nachts schien man dort oben der elterlichen Kontrolle entzogen. Das war gut für heimliches Schmökern und für mein Horten von Schund und Unerlaubtem. Um die Schulaufgaben zu erledigen, war das Kämmerlein nicht geeignet, dafür zog ich mich meist in den Saal zurück. Im Sommer war die Unterkunft brütend heiß, im Winter lausig kalt und durch das undichte Winterfenster kam obendrein Schnee herein und stäubte manchmal bis auf das Bett. Die Stube war also nicht ganz „sturmfrei". Spinnen gehörten in großer Zahl zu den Mitbewohnern und nicht nur einmal sah ich eine Maus auf dem Fußteil meines Bettes entlang spazieren - das Peterle zur Mäuse-Beseitigung gab es ja nicht mehr. In diesem letzten Winter, den wir im Stern verbrachten, kam auch gelegentlich die Hannelore (von ihr wird noch zu berichten sein) in meine Bude, um mit mir zusammen etwas zu lesen oder mich ein wenig aufzuwärmen; nur Lesen und Wärmen, nichts anderes - versteht sich, da die Bude ja nicht ganz sturmfrei war.

Siehste!

Vor nicht allzu langer Zeit meldete sich Herbert Scherer vom „Stammtisch im Räuberstübl", einer Zeitungskolumne der „Nordbayerischen Nachrichten", über das ewige Ärgernis der alten Bahnunterführung am Stern zu Wort. Da hieß es: „ ... man kommt in einen halbfinsteren Durchlass unter dem Bahnkörper, der größere Menschen zum leicht gebückten Gang, Radfahrer zum Absteigen und bedachte Männer in besserer Kleidung bei starkem Regen zum Hosenbeinhochziehen zwingt. Mütter beugen sich über ihre Kleinkinder, wenn gerade ein Güterzug wie ein Weltkriegsstahlgewitter über den Durchlass donnert ..."

Die Bahnunterführung vor dem Stern war einer der betriebsamsten Orte in Pegnitz. Immer morgens vor Schichtbeginn oder am Nachmittag, wenn die Werks-Sirenen den Feierabend gemeldet hatten, kamen hunderte Arbeiter und Beschäftigte von den Betrieben jenseits der Bahn hier durch. Jeder, der von der Stadt zur Post oder zum Bahnhof wollte, musste durch die Unterführung, außer man nahm den Umweg über die Bahnbrücke zwischen Finanzamt und Baywa in Kauf. Die Unterführung war demnach auch ein optimaler Platz für jede Art von Bettlern und Fechtbrüdern.

Noch bis in die 60er Jahre gehörten Kriegsinvaliden, die ihre kärgliche Stütze durch Betteln aufbessern wollten, auch in den kleinen Städten zum Ortsbild. Es waren oft recht bedauernswerte Gestalten. Da kamen unter anderem „invalide" Ziehharmonika- und Drehorgelspieler vorbei, die wie auf einer Tournee, in regelmäßigen Abständen bei der Unterführung aufspielten.

Ein ganz besonderer Kandidat war ein „Kriegsblinder", der immer wieder an der Unterführung zum Betteln erschien. Sein Stammplatz war auf der Ostseite des Durchgangs, denn hier weitet sich der Weg etwas. Der Mann war die mustergültige Erscheinung eines Invaliden: gekleidet

in eine alte Joppe, die an eine Uniformjacke der Wehrmacht erinnerte, auf dem Kopf über zotteligen langen Haaren eine Landsermütze. Die „Blindheit" wurde mittels einer dunklen Brille dokumentiert, dazu gehörte ein Blindenstock und am rechten Arm die gelbe Binde mit den drei schwarzen Punkten. Vor der Brust hatte er ein Pappschild mit der Aufschrift: „Kriegsblind". Er saß auf einem Klapphocker, neben sich den Stock und vor den Füßen seine Sammelbüchse, die irgendwie aggressiv groß und fordernd aussah, eine ausgediente Bohnerwachsdose.

Mein Freund Alfons - ein listiger Bursche, ein richtiger „Frecker", wie man auch sagen könnte - vermutete, dass mit dem Invaliden etwas nicht stimmt und dem wollten wir auf die Spur kommen. Wir saßen, wie so oft in den Ferien, zusammen auf dem Zaun des Sterngartens und beobachten das Leben und die Vorkommnisse vor und hinter der Unterführung. Jedes Mal, wenn ein Passant eine Münze in die Büchse warf, nickte der Blinde mit dem Kopf und quetschte ein „V`gelts`Gott" aus seinem Mund.

Und nun unser Test. Wir spazierten an ihm vorbei und Alfons warf einen Kronkorken in die Büchse. Die Reaktion wie immer: das Nicken und „V´gelts´ Gott". Die Probe schien für den Blinden bestanden, genügte uns aber noch nicht. Außer Sichtweite des „Invaliden" wendeten wir und warfen am Rückweg noch einmal einen Kronkorken in die Dose. Diesmal aber eine ganz andere Reaktion: „Ihr Saububen, Dreckskerl´, wollt einen Kriegsinvaliden bescheißen! Schämt ihr euch nicht?" Rief´s und gestikulierte noch drohend mit seinem Blindenstock hinter uns her.

Unsere Vermutung war aber dadurch noch nicht bewiesen, denn Blinde sollen ja ein besonders feines Hörorgan besitzen und damit auch in der Lage sein, eine geworfene Münze von einem Kronkorken oder Hosenknopf zu unterscheiden. Dass er uns als „Saububen" identifizierte, schien uns auch noch kein endgültiger Beweis.

Wir mussten jetzt zu Mittag nach Hause - ich zurück in den Stern. Als ich nach dem Mittagessen in die Gaststube schaute, saß da der „Blinde" ohne seine schwarze Brille und hatte vor sich seine Tageseinnahmen zum Nachzählen ausgebreitet. Offensichtlich erfasste er die Summe nicht nur durch seinen Tastsinn, denn nach dem Zählen studierte er intensiv die Speisekarte und bestellte bei der Bedienung eine „Halbe" und das Stammessen.

Unsere Kellnerin wunderte sich, warum ich unbedingt diesen Gast bedienen wollte. Sie ließ mich aber einfach „machen".

Ein bisschen mulmig war mir, als ich mit einem aufgesetzt freundlichen Grinsen dem Gast das bestellte Bier vorsetzte. Als der „Blinde" mich als einen der beiden gescholtenen Lausbuben erkannte, fiel seine Reaktion dürftig aus. Er hätte doch gute Miene zum bösen Spiel machen können und weiter den Behinderten und einen dankbaren Gast mimen können. Aber nein, er stand auf, raffte seine Münzen zusammen und verließ eilig, ohne etwas zu trinken oder zu essen, die Gaststube.

Die Bedienung und besonders mein Vater wollten dann schon wissen, was da vorgefallen sei. Dass der Gast vor einem zwölfjährigen Lauser wie in Panik davon rennt und dem Wirt und der Bedienung ein Geschäft entgeht, fanden sie schon etwas merkwürdig.

Nach meinem Rapport meinte Vater grinsend, wie so oft bei solchen Anlässen: „Man sollt dir eine neihaun". Was Gott sei Dank selten passierte.

Als ich dem Alfons später von der endgültigen Enttarnung des Blinden berichtete, stellte er nur lakonisch fest: „Siehste!"

An der Unterführung hat man den „Kriegsblinden" danach nie mehr gesehen.

Adam H.

Adam H. war „möblierter Herr" im Stern. Er wohnte die ersten beiden Jahre unter dem Dach in einer Kammer und nahm zeitweise - in Abhängigkeit von seiner finanziellen Lage - „Vollpension" in Anspruch. Adam war noch ein Altbestand der Vorpächter. Ich habe ihn als einen lustigen, gleichwohl unbedarften Gesellen in Erinnerung. Imponierend war seine wie eine Speckschwarte glänzende Vollglatze. Wie schon erwähnt, waren seine Einkommensverhältnisse unklar. Als Vertreter oder „Reisender" erwies er sich als ungeeignet und jede Arbeit, die er außerdem annahm, z.B. in der Landwirtschaft, war selten von längerer Dauer. Bei seinem ständigen Geldmangel nahm er jedes Angebot einer Beschäftigung an, und er beteiligte sich gerne an Wetten und an Hanswurstereien, wenn sie nur etwas einbrachten.

Bei den großen Umbau- und Renovierungsmaßnahmen 1954/55 sollte der Anschluss des Sterns an die öffentliche Kanalisation erfolgen und deshalb musste die vorhandene Sickergrube restlos entleert und geschlossen werden. Aus irgendeinem Grund konnten die letzten Reste in der Grube, der Bodensatz, nicht maschinell abgepumpt werden und man kam nicht umhin, die Rückstände von Hand zu entsorgen. Das war eine „anrüchige" Arbeit, für die schwer jemand zu gewinnen war, wie man sich leicht vorstellen kann. Der notorisch mittellose Adam erklärte sich bereit, sie für entsprechendes Entgelt zu erledigen. Eingekleidet in eine bis zur Brust reichende Gummihose wurde er in die Grube hinuntergeschickt und musste den pikanten Inhalt in Eimer füllen, die dann nach oben gezogen und in den Jauchewagen entleert wurden. Für die Zeit dieser Arbeit mussten natürlich die Toiletten im Stern gesperrt werden, also war an deren Zugang ein Schild angebracht: „Toiletten bis 12 Uhr nicht benutzen!" Frau Martin, die andere Dachbewohnerin, pflegte ohnehin die Toilette nicht unmittelbar zu benutzen. Ihre Notdurft entsorgte sie immer mittels eines Nachtgeschirrs in die Toilette im ersten Geschoß. Sie meinte deshalb auch, dass das Verbot für sie nicht zu gelten habe, und entleerte wie gewohnt ihren Potschamber - einschließlich kompakten Inhalts - in den Abort. Dann spülte sie noch kräftig nach, und so ergoss sich ein ziemlicher Segen über den armen Adam - von der Glatze bis in die Stiefel. Es fiel schwer, beim Anblick des sofort aus der Tiefe auftauchenden Adam nicht lauthals loszulachen. Er jedenfalls war im wahrsten Sinn des Wortes „stinksauer", so dass es etlicher Überredungskünste und eines finanziellen Zuschlags bedurfte, damit er die Arbeit zu Ende führte.

Die Stammgäste im Stern waren keine Chorknaben und daher für jeden Unfug aufgeschlossen. Dafür konnte der Adam gut herhalten: Für 10 oder 20 Mark ließ er einiges mit sich anstellen.

Einmal im Dezember, es hatte schon kräftig gefroren, kam am Stammtisch das Gespräch auf das „Eisbaden": Löcher ins Eis schlagen und dann in einem See oder Fluss ins kalte Wasser tauchen. „Wer mag schon so was machen ...", „Ist doch Quatsch ...", „Was soll das?", lauteten die Kommentare dazu. Der Adam hörte das und sagte, er habe kein Problem damit, auch kein Problem damit, das sofort zu machen; natürlich nur gegen eine pekuniäre Anerkennung. Die Stammgäste beratschlagten nicht lange und gleich waren zwanzig Mark beisammen. Folglich marschierte man sofort mit dem Adam zur Konsum- bzw. Karmühlbrücke. Die Fichtenohe war zwar noch nicht zugefroren, aber das Vorhaben wurde bei den vorhandenen Minusgraden als Eisbaden akzeptiert. Der Adam entledigte sich seiner Klamotten und tauchte vor den Augen der Stammgäste an der tiefsten Stelle - gleich vor der Karmühle - in den Bach. Selbstverständlich nicht ohne Anfeuerungsrufe wie: „Tauchen!", „Aber ganz runter!", „Los jetzt!". Später, zurück im Stern und heftig schlotternd, bezeichnete Adam das Ganze als großes Vergnügen und kassierte genüsslich seine Prämie.

Einmal sagte einer am Stammtisch, der Adam habe eine Ähnlichkeit mit einem Neger, den er mal gesehen habe, nur dass der Adam halt nicht schwarz sei. Lange Rede, kurzer Sinn: jemand kam auf die Idee,

den Adam doch mittels Schuhwichse in einen Neger zu verwandeln, und Adam war, wie immer, für entsprechendes Entgelt dazu bereit. Der Stammtisch sorgte wieder für das Honorar, der Sternwirt stellte schwarze Schuhwichse zur Verfügung und der Adam schminkte sich unter vergnüglicher Anteilnahme der Gäste zum Neger.

Zu der Zeit lebte der Adam schon bei einer Witwe in Zips. Als er nach Hause kam, war die über das Aussehen ihres Adams gar nicht erfreut. Mit Kernseife und einer Wurzelbürste - wie der Adam tags darauf bestätigte - ging die Witwe den Verfärbungen, besonders auf der Glatze, zu Leibe. Der Adam sah nun am Kopf eher wie eine Rothaut aus, was dann von den Stammgästen zwar nicht mit Bargeld, aber mit Freibier als „Schmerzensgeld" vergütet wurde.

Diese resolute Witwe brachte überhaupt Ordnung in Adams Leben und so wurden seine Stammtischbesuche immer seltener und man hörte, dass er schließlich in Zips ein ganz zufriedenes und zurückgezogenes Leben geführt hat.

Der große Streik 1954

Es war der erste große Streik in der Nachkriegszeit. Die Vorstände der IG-Metall in Bayern hielten damals nur in den größeren Städten Bayerns, in München, Nürnberg, Fürth, Augsburg und - man staune - in Pegnitz einen Streik für möglich; so nach einem Protokoll der Vorstandssitzung der IG-Metall. Am 9. August 1954 traten über 100.000 der 240.000 Beschäftigten der bayerischen Metallindustrie in den Streik, in Pegnitz die mehr als 1000 Mitarbeiter der AMAG. Man forderte eine Lohnerhöhung von 12 Pfennig auf den Ecklohn von 1,44 DM.

Der Stern war vormals das Arbeiterlokal in Pegnitz. In einem Nebenraum hatte der DGB seine Geschäftsstelle mit Fräulein Kopp als Sekretärin und „Mädchen für alles". So war es naheliegend, dass der Stern zum Streiklokal der Gewerkschaft wurde. Dort traf man sich, um die nächsten Aktionen zu planen, und - besonders wichtig - hier wurde das Streikgeld ausgezahlt. Jeder am Streik beteiligte „AMAG-ler" musste im Stern vorstellig werden, um seinen Lohnersatz abzuholen. Von so etwas hatte ein Wirt damals nur träumen können, denn das Streikgeld wurde nämlich in nicht unerheblichem Umfang sofort im Lokal, an Ort und Stelle verflüssigt.

Der Sternsaal war eben umgebaut und es drängten sich Arbeiter, Streikposten, Gewerkschaftsfunktionäre und manche Neugierige. Es herrschte ein stetes Kommen und Gehen - von früh bis spät in die Nacht. Das Klima war aufgeladen - wie die Stimmung im ganzen Land. Bier floss jedenfalls in Strömen und der Zigarettendubel im Saal übertraf jeglichen vorstellbaren Smog über einer chinesischen Großstadt. Luft und Stimmung im Saal schienen also unvergleichlich dick.

Im Gewerkschaftsbüro von Fräulein Kopp trafen in der Zeit jede Menge Solidaritätsadressen von drüben, aus der Zone, ein. Das freute mich Dreikäsehoch, denn ich bekam immer die schönen bunten Briefmarken ab. Briefmarken aus der Zone sammelte man aber nicht, auch wenn die damals viel farbiger und schöner waren als unsere „richtigen deutschen". Sie dienten als Tauschartikel für „echte" Briefmarken oder andere begehrenswerte Dinge.

Am Höhepunkt des Streikes passierte etwas Unglaubliches, wahrscheinlich zum ersten und letzten Mal in Pegnitz: die Brauerei war schlichtweg „leer gesoffen" - das Bier war aus! Die Knopf-Brauerei konnte kein Fassbier und nur noch eingeschränkt Flaschenbier liefern. Bier von der Brauervereinigung anzufordern und in einem Knopf-Gasthof auszuschenken, kam gar nicht in Frage. So mussten die freundschaftlichen Beziehungen des „Knopfer Hans" nach Bronn herhalten. Für einige Zeit gab es dann im Stern Bronner Bier von der Brauerei Glenk, bis wieder ausreichend „Knopfer-Bier" geliefert werden konnte.

Der Streik endete schließlich nach 18 Tagen.
War vielleicht ein drohender Biermangel in Bayern daran schuld?

Jedenfalls brachte der Streik nicht den ersehnten Erfolg. Das Ergebnis war eine Erhöhung des Ecklohns um 10 Pfennig. Zwei Drittel der Beschäftigten erhielten durch die Veränderung der Lohnrelation aber nur eine Erhöhung zwischen 3 und 5 Pfennigen. Für die Wirte und Brauereien in den „Großstädten" aber lagen die Umsätze und Einkünfte in dieser Zeit in Prozenten sicher weit über der Steigerung des allgemeinen Wirtschaftswachstums - und des Streikergebnisses der Gewerkschaft.

Großvater

Ohne die Mithilfe meiner Großeltern hätte im Stern manches nicht funktioniert. Nicht nur, dass man sich die eine oder andere bezahlte Kraft ersparte, Familienangehörige haben sicher auch von Natur aus eine intensivere Bindung an ein Geschäft.

Die Eltern meiner Mutter verließen erst im Mai 1946, als sie mit Gewalt von den Tschechen in einen Transport nach Deutschland verfrachtet wurden, ihre böhmische Heimat. Mein Großvater - er war Steinmetz von Beruf - hatte in den Jahren 1920 bis 1921 sein Haus mit eigenen Händen gebaut: die Steine für das Fundament selbst im Steinbruch gebrochen und zugerichtet, die Ziegel von Hand geformt und in der benachbarten Ziegelei gebrannt und auch Fundamente und Mauern hochgezogen. Wie schwer fällt es da erst recht, das Eigene aufgeben zu müssen. Nach der Vertreibung kamen die Großeltern mit Hilfe meines Vaters in einem Dorf nahe Ansbach bei wohlwollenden Bauernleuten unter. Man half auf dem Bauernhof und mein Großvater verdingte sich als Waldarbeiter, bis die ganze Familie nach Pegnitz in den Stern umzog.

Mein Großvater war ein nobler Mann. Großgewachsen und schlank war er und er legte stets wert auf korrekte Kleidung. Zur Arbeit trug er eine graue Schürze, die immer makellos aussah. Seine Zigaretten rauchte er nur mit Filter und Spitze, Stuyvesant, fünf Stück am Tag. Ich habe ihm viel zu verdanken: vor allem eine frühe Neugierde für das, was in der Welt geschah. Bevor ich selbst lesen konnte, las er mir jeden Tag aus der Zeitung vor. War ich krank, saß er oft stundenlang an meinem Bett, um mir Märchen oder aus der „Biblischen Geschichte" vorzulesen. Er hatte eine beruhigende, aber auch für mich fesselnde Art zu lesen, jedes Wort nahm ich auf. Er übte mit mir Lesen und Schreiben und vermittelte mir erste handwerkliche Fertigkeiten: Rindenschiffchen basteln, eine Pfeife oder Flöte aus Haselnuss-Stecken schnitzen, Drachen bauen und vieles mehr.

Großvater - von den Stammgästen „der alte Ebenhöh" genannt - war das Jahr über für das Heizen zuständig, für die Instandhaltung von Haus und Garten mit kleinen Reparaturarbeiten und jeden Freitag für das Aufstellen der Schießstände für die Kgl. priv. Schützengesellschaft im Saal.

Bis zu den großen Umbaumaßnahmen des Stern 1954 war die Gaststube von der Küche aus durch einen großen Kachelofen beheizt worden. An dieser Stelle in der Küche wurde jetzt der Zentralheizungskessel installiert, der mehrfach am Tag mit Koks beschickt werden musste - man führte ja jetzt „Fremdenzimmer mit fließendem warmen und kalten Wasser" im Inserat auf. Großvater war für den Einkauf und die Lagerung des Koks zuständig und er schaffte - je nach Heizbedarf - oft alle 2 Stunden das Heizmaterial in zwei großen Kübeln bei. War mein Vater anderweitig beschäftigt, kümmerte er sich auch um

das Bieranstechen. Die Fässer - damals noch klobige Holzfässer, die selbst leer so viel wogen wie der Inhalt allein - mussten vom Bierkeller herbeigeschafft werden. Der lag abseits vom Haus, tief in der Erde unter dem Schlachthaus. Die Fässer wurden mit einer Schubkarre aus der Tiefe ans Tageslicht gekarrt, um dann im Haus die letzten Meter zur Zapfanlage gerollt und getragen zu werden. Regelmäßig waren die Kohlesäureflaschen der Zapfanlage zu wechseln und täglich wurde die Zapfanlage durchgespült und desinfiziert. Dies alles hat der Großvater noch auf sich genommen, obschon er längst das Rentenalter hätte genießen sollen.

Andererseits hatte auch er ein paar kleine Laster: eine gewisse Spielsucht und seinen bescheidenen Zigarettenkonsum. Auch bestimmte Speisenvorlieben pflegte er, die im Milieu einer Metzgerei irgendwie paradox schienen. Sein Lieblingsessen am Abend war Wassersuppe, die er sich selbst zubereitete, ebenso wie die „saure Milch", die er zur Abwechslung genoss.

Der Spielsucht frönte er mit Plan und Vorsatz, doch nicht etwa, wie man meinen sollte, dem Kartenspiel oder dem Roulette. 1955 zog neben einer Musikbox auch ein sogenannter Einarmiger Bandit in die Gaststube ein. Für 10 Pfennig Einsatz hatte man an dem Spielautomaten die Möglichkeit, als Hauptgewinn drei Mark ausgeworfen zu bekommen. Jeden Vormittag um 11 Uhr, bevor Mittagsgäste zu erwarten waren, ging er zur Sache. 50 Pfennig als Spieleinsatz waren aber das Extremste. Verlor er diesen Einsatz komplett, war am nächsten Tag Pause. Was meinen Großvater ungemein giftete, war, wenn er wieder mal von der Maschine „ausgeraubt" worden war und kurz darauf ein Gast auftauchte, der nicht zu den Stammgästen gehörte, den er überhaupt noch nie gesehen hatte, und der gleich den „Jackpot" knackte. Das war gegen sein Gerechtigkeitsempfinden und da war ihm der restliche Tag verdorben. Äußerlich kühl erscheinend, war dann ein beschleunigtes Wippen mit dem übergeschlagenen Fuß zu beobachten und ein verstärktes Ausstoßen von Zigarettenrauch.

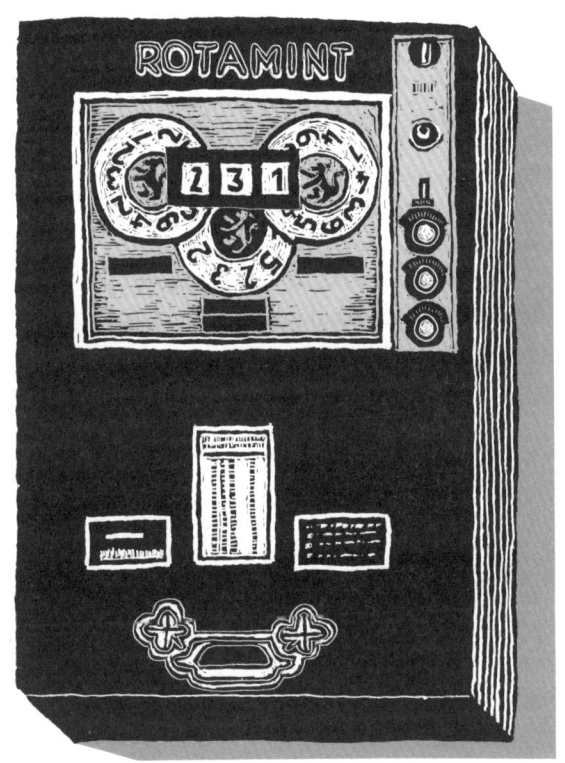

Das extremste an Missfallen, das ich nach so einem Ereignis von ihm gehört habe, war jedoch nur ein in den Bart gemurmeltes „So ein Dingerich!". Eine solche Enttäuschung führte dann eines Tages dazu, dass er bald „kriminell" geworden wäre. Er kam auf die Idee, ein 10-Pfennigstück in der Mitte anzubohren, einen Faden durchzuziehen, mit dem er dann die Münze wieder aus dem Automaten fischen wollte. Mehrere Prototypen - mal mit Zwirn, mal mit dünnem Draht - versagten, kein Erfolg. Der Automatenbeschicker wunderte sich nur, dass immer mal Zehner mit einem Loch oder Imitate von Groschen im Geldbehälter des Spielautomaten auftauchten.

Trotzdem, mein Opa war ein feiner Mann.

Die Gassenschänke

Der Ausdruck ist eigentlich falsch, ging doch das Fenster nicht auf die Gasse, sondern von der Schänke aus hinaus in den Flur neben der Gaststube. Hier spielte sich der „Außenhandel" im Stern ab: Zigaretten, vorbestellte Brotzeiten und – damals noch üblich – Fassbier in einen Krug gezapft, wurden „über die Gasse" abgeholt. Bei einem kleinen Bier wurden „am Fensterl" Neuigkeiten ausgetauscht, Pensionsgäste holten hier ihren Zimmerschlüssel ab und man konnte auch ein Telefongespräch anmelden, denn der Stern fungierte lange Zeit als (halb-) öffentliche Fernsprechanstalt.

In den Anfangsjahren wurden mit Zigaretten am Gassenfensterl die besten Umsätze gemacht, denn Zigarettenautomaten kamen ja in den Fünfzigern erst nach und nach auf. Wer erinnert sich noch an die alten Zigarettenmarken?

Hier ein kurzer Exkurs in die „Zigaretten- und Rauch - Historie": Zigaretten hießen Zuban, Supra, Mokri, die echt proletarischen Sorten nannten sich Eckstein, Overstolz, Salem; alle filterlos und von beißend, ätzendem Geschmack und Geruch. Juno, Senoussi, Ernte 23, Güldenring und Gelbe Sorte waren die gehobeneren Marken, wie auch Nil, Memphis oder Astor. 1955 kamen HB und 1956 Peter Stuyvesant auf den Markt, die „Flüchtlingszigarette" (Hier bin ich, hier bleib ich, hier bau ich...) und „Der Duft der großen weiten Welt". Vater pflegte noch enge Kontakte zu Amerikanern und so kam er leicht an damals noch exotische Sorten wie Camel, Lucky Strike, Pall Mall, Gold Dollar oder Chesterfield. Die Ami-Zigaretten konnten aber nur unter der Hand, „schwarz", gehandelt werden und wurden nur an ganz vertrauenswürdige Stammgäste abgegeben. Zigarren, wenigstens 20 Pfennig das Stück, oder solche, wie sie Wirtschaftsminister Ludwig Erhard rauchte, gab es - samt Pappe-Spitze - nur in der Wirtsstube. Die 7- oder 10-Pfennig-Stumpen dagegen wurden im Päckchen ausschließlich über die Gasse verkauft, denn diese „Stinkadores" waren in der Gaststube gar nicht geschätzt.

Flaschenbier war damals nicht so recht üblich, denn es war ohne einen Kühlschrank nicht so lang haltbar. Deshalb schickte anno dazumal mancher Familienvater aus der Umgebung die Tochter oder den Sohn mit einem der Größe des Durstes angemessenen Bierkrug ins Gasthaus, um die abendliche Ration zu besorgen. Nicht selten kamen danach Klagen über schlechtes - heute: „betrügerisches" - Einschenken auf, denn der Schwund auf dem Nachhauseweg war manchmal sehr auffällig. Unvorstellbar, daran zu denken, dass etwas von dem Bier im Magen des Sprösslings oder gar einer braven Tochter gelandet sein konnte. Den Namen einer solchen notorischen „Gambrinus-Braut" aus der Nachbarschaft, Tochter eines gut situierten Beamten, gebe ich hier natürlich nicht preis.

Freitag war in den Betrieben Zahltag. Den Lohn oder das Gehalt erhielt man bar auf die Hand, ein Gehaltskonto gab es damals noch nicht. So herrschte am Freitagabend im Stern immer Trubel, denn mancher der Werktätigen machte erst mal auf dem Weg nach Hause mit der gefüllten Lohntüte in der Tasche einen Einkehrschwung. Zuhause wartete dann die Ehefrau vergebens auf den Göttergatten und das Haushaltsgeld. Gegen acht oder neun Uhr zur Nacht läutete oft das Ehegespons des einen oder anderen dieser Pappenheimer am Gassenfenster, um sich diskret nach dem verschollenen Ernährer der Familie zu erkundigen. Das ging, ohne dass die Gaststube betreten werden musste und somit wurde eine peinliche Situation vermieden. Man war gerne behilflich, den Zecher diskret dazu zubringen, sich doch endlich zur wartenden Ehefrau zu begeben. Ohne Krach, versteht sich - meistens. Es gab aber Spezialisten, die jeden Freitag den Standort wechselten. So kam es vor, dass so eine bessere Hälfte die „Bahnhofswirtschaft", die „Lutters-Walli", „den Stern" bis zum „Schlappenwirt", ja die halbe Stadt nach dem Gatten abkämmen musste.

Das Aufkommen der bargeldlosen Gehaltszahlung war für manche Familien ein Segen, für die Freitagsumsätze der Gastwirte dagegen eher weniger.

Da könnte man jetzt gut anhand des Geschehens in den Wirtshäusern und an den „Gassenfenstern" über Spiegelungen des sozialen und wirtschaftlichen Wandels nachsinnen.

Professor Berger

Er sei ein Studierter, sagte mir meine Mutter. Er habe wohl zuviel studiert und sei dabei übergeschnappt. Sowas kann vom zu vielen Studieren kommen. Vor allem Philosophen und „Nur-Studierte" - das bezeichnet Leute ohne eine Ausbildung mit Praxisbezug - seien da besonders gefährdet, war meine Mutter überzeugt. Dass man beim Studieren überschnappen könnte, das hat sich mir lange eingeprägt: also bloß nicht einzig nur Studieren!

Der Professor war einer der selteneren Gäste im Stern. Er war damals um die 70 Jahre alt. Keiner wusste recht, womit er seinen Lebensunterhalt bestritt. Vom Verkauf seiner merkwürdigen Gedichte, Sinnsprüche und philosophischen Texte, gedruckt auf Karten aus billigstem Karton, konnte er sicher nicht existieren. Der Lobensteiger Schmied ließ ihn in seiner alten Schmiede hausen und die Bauersleute von Neuhof, Lobensteig und Pertenhof unterstützten ihn mit Lebensmitteln und allen anderen notwendigen Dingen.

Er war ein Poet und Sammler. Für seine „Studien" und sein geistiges Pläsier sammelte er vor allem Zeitungen und Illustrierte, die er über die Jahre in seiner Unterkunft stapelte. Regelmäßig kam er nach Pegnitz hinunter, denn hier hatte er verschiedene Anlaufstellen. Er versorgte sich mit leiblichen Dingen wie Nahrungsmitteln, aber besonders mit geistigen Dingen - d.h. alte Zeitungen und sonstige abgelegte Schriftwerke. Der Stern war immer seine letzte „Tankstelle" vor dem Aufstieg zu den damals noch zur Oberpfalz gehörenden Höhen östlich von Pegnitz.

Für meine Mutter war er ein „armer Teufel" und da er aus der alten Heimat stammte, brachte man ihm ein besonders Mitgefühl entgegen. Im Sudetenland war er schon zu einer gewissen Berühmtheit gelangt, hatte er doch den größten Rosenkranz der Welt geschnitzt. Der war auch in seinem nordböhmischen Heimatort ausgestellt worden und mit Postkarten weithin bekannt gemacht worden.

Die Geschichte soll sich so zugetragen haben: Als junger Soldat der k.u.k. Armee geriet Berger gleich zu Beginn des Ersten Weltkriegs in russische Gefangenschaft. Im Lager in Sibirien soll er geschworen haben, dass er den größten Rosenkranz der Welt schnitzen wolle, wenn er wieder nach Hause zurückkäme. Seine Gebete wurden erhört und so erfüllte er auch sein Gelübde. Eine Postkarte mit diesem Rosenkranz hat meine Mutter noch lange Zeit aufgehoben. Das Werk war schon beeindruckend: eine riesige Holzwand - größer noch als diese übergroßen Plakatwände, die man heute überall sieht - und darauf befestigt ein Rosenkranz mit mehr als mannskopfgroßen, kunstvoll geschnitzten Rosenkranzperlen. Imponierend, sicher geeignet für das „Guinness-Buch der Rekorde".

Nach der Heimkehr aus der Gefangenschaft sollte der begabte junge Mann studieren und vielleicht gar eine Hochschullaufbahn einschlagen. Und dabei passierte, dass er vor lauter Studieren übergeschnappt ist. So glaubten meine Mutter und Sterngäste, die ihn kannten.

Wenn Professor Berger seine Rast im Stern einlegte, hatte er meist schon etliche Anlaufstellen hinter sich. Ich erinnere mich, wie er einmal zwei große Blecheimer, bis oben hin gefüllt mit Buttermilch, anschleppte. Die Buttermilch hatte er beim Milchhof erfochten. Auf der Buttermilch schwammen etliche alte Semmeln, die er zwischenwegs beim Pflaums-Bäck erhalten hatte. Die Brötchen fungierten als „Wellenbrecher", wie er sagte. Das war eine Erfindung von ihm, und er legte Wert auf sein Patent. Die Semmeln sollten die Wellenbewegungen des flüssigen Inhalts dämpfen und das Überschwappen der Buttermilch bei dem anstrengenden Anstieg nach Lobensteig verhindern. Damit war für ihn gewährleistet, dass er auch möglichst das meiste der wertvollen Buttermilch nach Hause brachte; die „Wellenbrecher" konnten dann zusammen mit der Milch verzehrt werden.

In seiner Behausung, in der alten Schmiede, stapelte er Unmengen alter Zeitungen und Christbäume. Er hatte eine Vor- und Nachliebe für Weihnachtsbäume, die von Jahr zu Jahr anfielen und von denen er sich partout nicht trennen wollte. Bei einer feuerpolizeilichen Begehung wurde er denn aufgefordert, das ganze Gerümpel zu beseitigen, anders dürfe er seinen Ofen nicht mehr anfeuern. Was tat er daraufhin? Nicht eine der Zeitungen oder einer der Christbäume wurden fortgeschafft; der Professor entsorgte einfach den Ofen.

Er ist früh aus meiner Wahrnehmung verschwunden. Vielleicht gibt es noch Leute, die wissen, was aus diesem Poeten und Philosophen geworden ist. Ein armer Teufel! Ein durch Krieg, Vertreibung und Verlust der Familie entwurzelter Mann! Und dadurch vielleicht „übergeschnappt". Ein „Ver-Rückter"- im ursprünglichsten Sinne dieses Wortes. Er hatte aber sein verrücktes Leben doch irgendwie einrichten können; mit Hilfe vieler hilfsbereiter Menschen in der damaligen „Pfalz" und in Pegnitz.

„Und sündhaft ist der Mensch im Ganzen ..."

In einem Gasthof, wo sich viele Menschen über den Weg laufen, natürlich auch Menschen zweierlei Geschlechts, wo es in der sogenannten närrischen Zeit bei Bällen und „Kappenabenden" gerne zu prickelnden Begegnungen kommt, dort wo immer eine Schar weiblichen Personals zu finden ist, da ergeben sich auch besondere Herausforderungen hinsichtlich der Wahrung von Anstand und Sitte.

Für eine Gaststätte war es schon immer von Vorteil, wenn der (männliche) Gast mit attraktivem weiblichen Dienstpersonal rechnen konnte. So wirkte es sich auch nicht nachteilig aus, dass die Bedienungen im Stern meist von angenehmem Äußeren waren und auf die Gäste anziehend wirkten. Man achtete streng darauf, keine „Dotschn" oder „Beißzanga" anzustellen, vom Körperlichen her kein „Büchlbrettla", aber auch keinen „Pflatschn".

Neben der Stamm-Bedienung und Aushilfen waren im Stern zeitweise drei Haus- und Küchenmädchen beschäftigt; und wie liest man schon bei Wilhelm Busch: „... jeder Jüngling hat wohl mal ´n Hang fürs Küchenpersonal ... und sündhaft ist der Mensch im Ganzen!"

Eine der ersten Bedienungen - die Anneliese - kam eigentlich noch blutjung, gerade 20 Jahre alt, in den Stern. Sie war bereits das, was man heute als „Alleinerziehende" bezeichnen würde, und daher in ihrem Heimatdorf im Bayerischen Wald nicht mehr so leicht gelitten. Ein Umstand, der die Hauptverantwortlichen für Tugend und Moral im Stern - Mutter und Großmutter - schon mal bedenklich stimmte. Das Geturtel mit Stammgästen oder einigen von den jungen Sportlern vom ASV wurde trotzdem eher nachsichtig beäugt. Problematischer wurde die Sache, als das Auge eines aufstrebenden Jungunternehmers aus Neuhaus auf die Anneliese fiel.

Montags war Ruhetag im Stern und wie sollte sich damals so ein junges Geschöpf die Abendstunden vertreiben? Bald war zu beobachten, wie regelmäßig am Montagabend, bei Einbruch der Dunkelheit ein Mercedes vorfuhr. Dreimal kurz hupen und dann hörte man die Anneliese aus ihrer Kammer unter dem Dach die Treppen hinunter eilen - und rein in den Mercedes. Jetzt hatten nun meine Eltern bei der damals noch Minderjährigen so etwas wie eine Aufsichtspflicht und man sah auch gar nicht gern, dass sich die junge Frau mit einem weithin bekannten Casanova abgab. Ich habe noch heute in den Ohren, wie meine Mutter besorgt äußerte: „Wenn sie sich nur nicht wieder was einsackelt...!" Und die Großmutter: „Ma mou ja Sündn fürchten!" Man machte es der Liese also zur Bedingung, auf jeden Fall vor Mitternacht wieder im Haus zu sein. Aber es kam, was kommen musste und die Heimkehrzeiten verschoben sich immer mehr in die Morgenstunden. Als die Anneliese nun einmal gerade eben vor Arbeitsbeginn mit dem Mercedes angeliefert wurde und dabei noch einen außergewöhnlich derangierten Eindruck machte, wurde sie in den Ebenhöh´schen Opel Kapitän gesetzt und zurück in die Heimat verfrachtet.

Ihre Nachfolgerin, die Magda G., erschien da etwas gediegener: eine abgeklärte, üppige Mittvierzigerin, geschieden mit zwei schon erwachsenen Söhnen. Aber auch das reife Alter hat bestimmte Bedürfnisse.

Damals gab es auf den Bahngleisen vor dem Stern noch einen regelmäßigen Rangierverkehr. Das klingt jetzt nicht nur doppeldeutig - es ist so. Das „Rangieren" ging so vonstatten: Eine Rangierlok fährt vor, stoppt in Höhe der Laube beim Stern, ein rußgeschwärztes Gesicht erscheint über dem Ausstieg der Lok, ein durchdringender Pfiff von der Lokomotive - das vereinbarte Signal für die Magda. Schnell wird eine Maß Bier gezapft, die Magda eilt mitsamt der Maß über den Zaun und rauf auf die Lok. Wieder ein Pfiff und los geht es zurück in Richtung Bahnhof zu den Rangiergleisen. Genau nach 20 Minuten wird die Magda - jetzt mit leerem Maßkrug - wieder vor dem Stern abgesetzt. Kurz werden noch die Haare in Ordnung gebracht, die

weiße Schürze wieder umgebunden, und als wäre nichts passiert, die Arbeit wieder aufgenommen. Das den Wirtsleuten bekannte männliche „Rangierpersonal" tauchte dann auch meist noch zu einem sehr späten Dämmerschoppen - Einlass durch die Hintertüre - im Stern auf. Natürlich waren die Chefin und die Großmutter von diesem Geschehen nicht sehr angetan. Aber wie kann man einer Liebhaberin der Bahn das „Rangieren" verbieten, auch und wenn das Geschehen auf den Gleisen sicher nicht im Einklang mit den Dienstvorschriften der Deutschen Bundesbahn steht? Ich glaube, mich zu erinnern, dass meine etwas bigotte Großmutter darob auch einen extra Rosenkranz gebetet hat, denn: „Man muss ja Sünden fürchten..."

Der Doktor

Er war eine ganz besondere Persönlichkeit und er hieß bei allen einfach „der Dokter". Ob bei den Schützen, deren langjähriger Vorsitzender er war, bei seinen Patienten oder im Krankenhaus bei den Kollegen. Andere hatten zum Titel ihren Namenszusatz, er war schlichtweg „der Dokter".

Ende der Fünfziger zog der Doktor mit Praxis und Wohnung in sein neuerbautes Haus an der Bahnhofstraße, wurde so unser Nachbar und meiner Familie ein Freund. Als Facharzt hatte er es eigentlich nicht nötig, Hausbesuche zu machen, das ließ er sich für die nächste Nachbarschaft aber nicht nehmen. Sommers wie winters war er mit Sandalen und kurzärmligem Hemd bekleidet. In der kalten Jahreszeit kam lediglich eine Joppe dazu und außerhalb des Hauses sah man ihn dann mit hochgezogenen Hosenbeinen durch Matsch und Schnee stapfen. Sonst bewegte er sich mit provozierender Langsamkeit in seinem Ford Taunus durch die Pegnitzer Straßen, in der Regel in Richtung Krankenhaus, am Mittwoch in Richtung Café Sauer.

Die Kgl. Privilegierten Schützen konnten sich keinen besseren Vorsitzenden wünschen. Er verstand zu repräsentieren, war besonnen bei Entscheidungen, seine Sprüche und Reden waren überlegt und pointiert, Geschwätz und Umschweife waren ihm ein Graus.

Er genoss sein Pils immer eiskalt. Am besten war, wenn die Flasche noch angefrostet gebracht wurde. Vor dem Einschenken in sein Schützenkrügel lief eine „haptische" Temperaturprobe ab, etwa fünf Sekunden lang. Wenn in Ordnung befunden, wurde eingeschenkt, war die Flasche zu warm, empfing die Bedienung das vernichtende Urteil: „Ich trink doch kan Tee!"

Mit Patienten pflegte er einen kurz angebundenen, sachlichen, aber meist gutherzigen Umgang. Von Gewerkschaftern und Sozis hielt er nicht viel, wenngleich seine Patienten auch aus diesen Kreisen nichts auf ihn kommen ließen.

Hans Scheuerlein erzählte mir, als wir damals gemeinsam im Stadtrat saßen, seine Begegnungen mit ihm. Scheuerlein musste aufgrund seiner zahlreichen gewerkschaftlichen und politischen Posten viele Reden halten. Er war auch starker Raucher und so am Kehlkopf anfällig. Als ihm wieder einmal seine Stimme versagte, suchte er den Doktor auf. Der schaute ihm in den Hals, wog bedeutungsschwer den Kopf, sagte aber nichts. Als Hans fragte, was er hätte und was nun zu tun wäre, lautete die lakonische Antwort: „Halt mal dei Maul!" Ein andermal berichtete ihm Hans von einem zeitweiligen Stimmversagen, das sich immer mit einem „Giekser" ankündigte. Diesmal war der Doktor etwas gesprächiger und sagte: „Des hat ich auch mal. Jed´s mal, wenn ich in der Kärch (= Kirche) des erste Gsetzl g´sungen hab, hab ich so an Giekser kriegt." Hans Scheuerlein: „Und was habens dann g´macht?". Der Dokter: „Ich bin nimmer in die Kärch gangen."

Ein Elektromeister aus der Nachbarschaft unterzog sich beim Doktor - noch im alten Krankenhaus - einem Eingriff an der Nase. Nach der Operation in örtlicher Betäubung wurde ihm die Nase austamponiert und er mit den Worten nach Hause geschickt: „Fertig! Kommst morgen wieder." Auf dem Weg wunderte er sich, dass alle Leute, denen er begegnete, ein Grinsen nicht unterdrücken mochten. Als er sich endlich in einem der Schaufenster vom Textil-Gebhard betrachten konnte, blickte ihm ein blutverschmiertes und um die Nase dick aufgequollenes Gesicht entgegen. Schnurstracks eilte er zurück ins Krankenhaus und stellte den Dokter zur Rede: „Ich seh aus wie a abgstochne Sau und so lässt mich losziehen." Der Dokter: „Stimmt, so siehst aus. Aber, was geht mich des an." Beim weiteren Disput soll dann das berühmte Goethe-Zitat gefallen sein; einen Körperteil betreffend, mit dem aber der Dokter sonst nichts zu tun hatte.

Als ich gerade fünfzehn war, bekam ich eine recht unangenehme, schmerzhafte und fiebrige Entzündung in Mund und Rachen. Der

Doktor ließ es sich nicht nehmen, in der Nachbarschaft einen Hausbesuch zu machen. Er schaute mir in den Schlund und für ihn war die Sache gleich klar. „Was hab ich?", fragte ich. Der Doktor: „Die Maul- und Klauenseuche." Und: „Sei froh, daß´d kein Rindvieh bist, sonst müßt´ dich dein Vater jetzt notschlachten." Er verschrieb mir ein höllisch scharfes Zeug zum Gurgeln und „Pinseln" und nach drei Tagen war ich gesund und so der „Notschlachtung" entgangen.

Ich hatte zu ihm ein respektvolles, der Doktor zu mir ein gönnerhaftes und durchaus herzliches Verhältnis, war es als Jungschütze und später als junger „Kollege".

Einige Zeit vor seinem Tod erzählte er mir bei einem letzten Treffen im Schützenhaus am Zipser Berg seine erstmalige eigene Bedrohung durch Krankheit - wohl mit Todesahnung. Er schilderte mir seinen ersten Herzinfarkt mit folgenden Worten: „Da war ich hierher unterwegs, als mir ganz komisch worn is. Ich hab mir denkt, Fritz, jetzt geht´s dahin... Da hab i mi erst mal no setzen müssen - und dann hab i an Schnaps braucht."

„Im Gäu"

Zu den Angelegenheiten eines Fleischermeisters gehörte früher selbstverständlich der Vieheinkauf. Das überließ man ungern einem gewerbsmäßigen Vieh- oder Zwischenhändler wie z.B. dem „Kroarer" aus Weidlwang oder anderen derartigen Gestalten. Man hatte lieber einen vertrauenswürdigen Bauern als direkten Partner. Wenn es nun in bestimmten Abständen um einen solchen Einkauf oder Handel ging, sagte mein Vater, er müsse jetzt wieder „ins Gäu". Dass zum "Gäu" fast immer ein Wirtshausbesuch zählte, erfuhr ich bald. Ich freute mich immer, wenn ich auf den Ausflug mitgenommen wurde. Waidach, Prüllsbirkig, Regenthal oder „Külmes" in der Fränkischen Schweiz, Neuhof, Stemmenreuth in der „Pfalz" waren zwar keine besonders aufregenden Orte, andererseits gab es bei der Einkehr dort meist Limo, eine Brotzeit, und man lernte irgendwie was Neues kennen.

Ich erinnere mich an den alten Wirt von Waidach, einen großen und vierschrötigen Mann, den ich wegen seines Aussehens zunächst für recht roh hielt. Als Hof- und Wachhund gehörte zum Gasthaus ein Bernhardiner namens Benno. So einen stattlichen und Achtung gebietenden Hund hatte ich bis dahin noch nicht gesehen. Der Waidacher Wirt bemerkte mein Interesse und gleichwohl meinen Respekt. Da befahl er den Benno zu sich, hieß ihn stillhalten und ich durfte ihn streicheln. Ich hatte das Tier sofort ins Herz geschlossen, und auch der Benno mochte mich offensichtlich, wie ich bei späteren Besuchen erfahren durfte. Eines Tages, bei einer neuen Stippvisite in Waidach, war der Benno verschwunden. Der Wirt wollte darauf gar nicht angesprochen werden, er drehte sich wortlos um und ich glaube, feuchte Augen bei ihm bemerkt zu haben. Die Wirtin erzählte uns dann die Geschichte einer echten „Hundetragödie". Der Benno hatte eines Nachts, als der Wirt den Hof betrat, aufgeschreckt seinen Herrn angefallen und sich in dessen Arm verbissen. Der wehrte sich natürlich, und als der Hund seinen Irrtum erkannte, ließ er sofort ab und verkroch sich. Der Benno habe danach kein Futter mehr angenommen und sich beim Anblick seines Herrn nur noch winselnd in seiner Hütte versteckt. Die Passivität und Trauer sei durch nichts zu beheben gewesen und der Benno sei nach einigen Wochen regelrecht an Kummer eingegangen. Ich wollte es nicht glauben, aber der Waidacher Wirt erschien von da an verändert.

Wenn Kirchweih in einem der Dörfer war, gehörte das „Kundschaftsessen" zur Pflicht. Man musste sich bei einem befreundeten Gastwirt oder Geschäftspartner unbedingt blicken lassen und eine möglichst stattliche Zeche machen. Zu solchen Anlässen nahm mein Vater gern Leute mit gutem Appetit mit: den Onkel Sepp, den einen oder anderen Gesellen, und später gehörte ich dazu. (Der Schorsch war nach Ansicht seiner Mutter eh zu dick und deshalb selten dabei.)

Da gab es Köstlichkeiten, bei denen mir in der Erinnerung heute noch das Wasser im Mund zusammenläuft: Gänse-, Schweinebraten und knusprige „Gockerl" aus dem Backofen im Hof; Reh- und Hasenbraten, dazu rohe oder „seidene" Klöß. Es war eine Lust, sich da „durchzufressen".

Wenn zur Kirchweih ein Viehkauf bei einem Bauern vonstattenging, sorgte meist die Bäuerin dafür, dass man auch ihre Backkünste in Form von selbstfabrizierten Küchle schätzen lernen sollte. Im Fränkischen gibt es ja zwei Sorten „Kirchweih-Küchla": die katholischen und die evangelischen, d.h. „die übers Knie gezogenen" und die „fränkischen Kopfkissen". Die evangelischen mochte ich als Katholik aber lieber, denn die waren so schön luftig und beim Reinbeißen stäubte einem der Puderzucker ins Gesicht. Bei den katholischen kam es darauf an, wie gut der Teig ausgezogen war, und es hieß, die von den Bäuerinnen mit dicken Knien sei immer am besten.

Bei so einer Fahrt ins Gäu erhielt ich von einer Bäuerin eine Tüte mit frischen Kirchweihküchla - katholischen - ausgehändigt. Sie rochen nicht schlecht und ich freute mich schon darauf, eins verspeisen zu dürfen. Als wir waren gerade auf der Rückfahrt zwischen Waidach und Kirchenbirkig unterwegs waren, sagte mein Vater auf einmal: „Gib mal die Küchla her!" Gleichzeitig kurbelte er das Seitenfenster herunter, packte dann die Tüte und warf diese in hohem Bogen in den Straßengraben. Ich war geschockt, jammerte und konnte nicht begreifen, warum er das getan hatte. Mein Vater zu mir: „Die hat dreckate Knie!", etwas später fügte er hinzu: „Wenn´s in der Küchen ausschaut wie im Saustall, muss ma´ aufpassen!" Schade dachte ich, denn es würde kürzestens bis zum Fasching dauern, bis es wieder Küchla gab.

Auf der gleichen Straße zwischen Waidach und Kirchenbirkig ereignete sich noch folgende Episode. Es war im Winter, schon dunkel und die Straße auf der Jura-Höhe war dick verschneit, als wir aus dem „Gäu" zurückfuhren. Da tauchte im Kegel der Autoscheinwerfer vor uns ein Hase auf. Mein Vater: „Den krieg´n ma, des gibt an Sonntagsbraten für uns!". Der Hase war gefangen vom Licht und konnte nicht entkommen. Es tat einen Bums, der Hase flog durch die Luft und landete hinter unserem Auto auf dem festgefahrenen Schnee der Straße. Im gleichen Augenblick blendete uns ein nachkommendes Fahrzeug. Mein Vater lenkte das Auto an den Straßenrand und beobachtete das Geschehen im Rückspiegel: der nachfolgende Wagen fuhr neben den mitten auf dem Weg liegenden Hasen, die Seitentür ging auf und eine Hand packte unseren Sonntagsbraten, die Tür ging zu und das Auto sauste an uns staunenden Beobachtern vorbei.

„Hast du das gesehen?" zeterte mein Vater, „So ein Spitzbub. Der gehört angezeigt, klaut einfach unseren Hasen ...".

Bis wir zuhause waren, hatte er sich aber beruhigt, denn die Art und Weise des „Wildfrevels" unseres Kontrahenten auf der Straße hatte ihm auch imponiert, und wer weiß, ob der Hase überhaupt noch genießbar gewesen wäre.

Potenzmittel - anno 1962

Der Geißlinger Fritz - alte KSBler erinnern sich vielleicht noch an ihn - war über Jahre eine treue Hilfe in der Stern-Metzgerei und auch später noch. Er und mein Onkel Sepp waren Arbeitskollegen in der AMAG und zusammen brüteten die beiden so manchen Schabernack aus.

Sie hatten seinerzeit einen gemeinsamen Arbeitskameraden, namens Adolf B. Der beklagte sich eines Tages in einem vertraulichen Gespräch mit meinem Onkel über seine nachlassende Manneskraft und die Probleme, welche ihm seine Ehefrau darob ständig machte. Sepp Reiniger verwies ihn an Geißlinger, der den Zugang zu einem probaten Mittel habe. Der wurde umgehend informiert, war also vorbereitet, als ihn Adolf ansprach.

Fritz zu Adolf: „Kommst am Samstag zum Ebenhöh, da wird a Bulle g'schlacht. Du kriegst dann die Bulleneier. Des hilft garantiert."

Am Samstag zur verabredeten Zeit tauchte Adolf B. im Schlachthaus auf. Fritz erklärte dem noch misstrauischen Kunden, dass schon die alten Ägypter und Römer dieses Mittel gekannt hätten und Stierhoden heute noch in Italien und im Orient zur Potenzsteigerung verzehrt würden.

Das schien Adolf B. zu überzeugen. Auf weitere Bitte erklärte Fritz ihm noch die Zubereitung der Stier-Hoden: Klein hacken, mit etwas Mayoran und Kümmel würzen, Salz braucht´s nichts viel, da Bullenhoden eh etwas salzig sind; vielleicht ein verquirltes Hühnerei dazugeben und das Ganze in einer Pfanne anbraten; nicht zu heiß, damit die Hormone nicht zerstört werden.

„Gehst zur Chefin und lässt dir ein Papier zum Einwickeln geben!" Das erledigte Adolf umgehend.

Zu meiner Mutter: „Ich hätt gern a Papier für die Bulleneier."
Meine Mutter: „Ah ... für ihren Hund?"
Adolf: „Na, für mi!"

Man kann sich vorstellen, wie meine Mutter reagierte. Sie gab ihm aber trotzdem ein Einwickelpapier - ein Pergament, wie es in der Fleischerei heißt.

Zwei Wochen später - es war wieder Samstag und Bullen-Schlachttag - tauchte Adolf ein weiteres Mal im Schlachthaus auf. Er beklagte sich nun enttäuscht bei Fritz, dass das angepriesene Potenzmittel nicht wie erwartet gewirkt habe und er das Ganze anzweifle.
Fritz: „Was hast für ane Blutgruppe?"
Adolf: „A - mein ich."
Fritz: „Das ist schlecht, der Bulle hatte Blutgruppe B."

Damit war das Versagen dieses sonst garantiert den Geschlechtstrieb anregenden Mittels eindeutig und medizinisch erklärt.

Die Amis

Darf man von unseren großzügigsten Verbündeten als „Besatzer"
sprechen? In den Jahren nach dem Krieg haben ganz sicher viele die
Amerikaner nur als Okkupanten empfunden. Man hat sich aber bald
arrangiert und im Kalten Krieg haben die meisten Deutschen ihren
Frieden mit den „Amis" gemacht.

Unserer Familie brachten die Besatzer eigentlich nur Vorteile. Mein
Vater hatte in Ansbach ab 1947 eine gut dotierte Stelle bei den Amerikanern. Er war in der dortigen „Commissary" der US-Armee als
Metzger beschäftigt, war für alles, was mit Fleisch zu tun hatte zuständig und stieg dort bald zum Leiter der Abteilung auf.

Eine meiner frühesten Erinnerungen als Kind war ein Besuch im Ver-
kaufsraum der „Commissary". Was gab es da nicht alles an Köstlichkeiten, die man noch nie gesehen hatte: Pfirsiche, Ananas und Frucht-
cocktails in Dosen, Kaugummi und Bonbons in bunten Verpackungen
mit lustigen Figuren darauf, Schokolade in unterschiedlichster Form (am
liebsten waren mir die „Hütchen", die eigentlich zum Backen von Coo-
kies gedacht waren) und Cadbury`s feine Schokoladen; dann Fruchtsäf-
te, Toastbrot, Erdnüsse, Cashew-Nüsse. Zigaretten und Spirituosen, die
es ebenfalls in Massen gab, waren für mich weniger interessant.

Amerikaner waren häufige Gäste im „Goldenen Apfel" in Ansbach und
dann später auch im „Goldenen Stern" in Pegnitz. Bis in die Mitte der
Fünfziger tauchten immer wieder Jeeps aus Ansbach vor dem Stern auf.
Der vormalige Chef meines Vaters mit dem typisch amerikanischen Namen D´Amato kam regelmäßig zu Besuch nach Pegnitz, denn er wollte
ihn davon überzeugen, mit ihm zusammen in die USA zu gehen.

Eine Auswanderung nach Amerika wurde bis 1954 in der Familie
durchaus diskutiert. Aus Rücksicht auf die Großeltern und wegen

unüberwindbarer Vorbehalte meiner Mutter war das aber bald kein Thema mehr.

Von den gar nicht seltenen Ausflügen nach Ansbach - auf Drängen des „Colonels D´Amato", um an dem früheren Arbeitsplatz noch mal nach dem Rechten zu sehen - kam mein Vater meist gut entlohnt mit amerikanischen Zigaretten zurück; was auch manchen Stammgästen zugutekam.

Die Ami-Zigaretten hatten in Ansbach wohl mal zu einem Problem geführt. Ich fand eines Tages, beim unbefugten und neugierigen Stöbern im Schreibschrank meines Vaters, einen Hausdurchsuchungsbefehl und ein amtliches Pfändungsprotokoll aus dem Jahr 1948 wegen „unerlaubten Zigarettenbesitzes". Ein Dokument „krimineller Machenschaften" meines Vaters? Darauf später einmal angesprochen lachte er nur.

In den Fünfzigern und auch später noch gab es ständig Manöver der Amerikaner, die auch um Pegnitz herum stattfanden. Manche erinnern sich sicherlich, wie zu solchen Gelegenheiten fast endlos erscheinende Kolonnen mit Jeeps, Panzern und Mannschaftswagen von der Amberger Straße über die Bahnbrücke heranrückten, zwischen Baywa und Stern durchfuhren und in der Hauptstraße an uns Zuschauern vorbei donnerten. Wir standen am Gehsteig und waren beeindruckt von dieser Machtdemonstration. Dabei kamen wir uns gar nicht blöd vor, nach „Chewing Gum" zu rufen - was sich manchmal durchaus als erfolgreich erwies.

Im Februar 1956 gab es ein dramatisches Vorkommnis. Es war einer der kältesten Wintermonate überhaupt, seit es Wetteraufzeichnungen gibt. Die Amerikaner hatten bei einem Manöver in der Reusch, jenseits der Pegnitz und entlang der Straße nach Hainbronn, für einige Tage Position bezogen. Und da ging auf einmal das Gerücht durch den Ort, zwei Amis seien in ihrem Nachtlager erfroren - „Neger" natürlich, welche Kälte so und so nicht vertragen könnten.

Wir Buben wollten dem nachgehen und machten uns bald nach diesem Gerücht zu Erkundungen auf. Das Lager war schon geräumt und wir fanden kaum etwas: nur festgetrampelten Schnee, Spuren von Lager- und Schlafstätten, aber eine Menge leerer und auch ungebrauchter Platzpatronen - ein Schatz für künftige Handels- und Tauschaktionen und unerlaubte Sprengstoff-Experimente.

Einige Tage später stand in der Zeitung die Meldung, dass bei dem letzten Manöver der US-Army im Raum Pegnitz-Grafenwöhr etliche Todesopfer zu beklagen gewesen seien. Die Kälte sei extrem gewesen und habe neben den üblichen, erwarteten Unfällen nicht vorhersehbare Opfer gefordert.

Die Geldpresse

Im Rahmen der Renovierung des Gasthofs, Anfang der Fünfziger, wurde auch die Eingangstüre aufgemöbelt und mit einem kräftigen sogenannten „obenliegenden, hydraulisch gedämpften Türschließer" - so heißt es in der Fachsprache - versehen. Das waren massive Eisenzylinder, silbern bronziert, welche oben auf die Türen geschraubt wurden und durch ein Hebelwerk mit dem Türrahmen verbunden waren. Beim Öffnen der Tür musste man da freilich etwas mehr Kraft aufwenden als sonst.

Wenn in Pegnitz Schweinemarkt war, verirrte sich gelegentlich der eine oder andere Bauer, der nicht unbedingt mit meinem Vater Geschäftsbeziehungen hatte, in den Stern. Ein abgeschlossener Handel am Schweinemarkt musste begossen werden.

Ein etwas „schmuchtiges" Bäuerchen hatte offensichtlich Mühe, die Haustüre aufzubringen, um ins Gasthaus zu gelangen. Als er nach der Ursache forschte, entdeckte er den Apparat. So was hatte er wohl noch nie gesehen und das ließ ihm keine Ruhe. Nach dem ersten kräftigen Schluck Bier traute er sich denn, meinen Vater zu fragen, was das für ein merkwürdiger Apparat da sei, der ihm beim Türöffnen eine unübliche Kraftaufwendung abverlangte.

Mein Vater erklärte: „Das ist a Pfennig-Press!".
Der Bauer kriegte große Augen: „Gibt´s net!"
„Doch, jedes Mal wenn die Tür aufgemacht wird, wird oben ein neuer Pfennig gepresst. Wart mal, ich leer die Maschin´ eben mal aus."

Mein Vater ging nach draußen und kam mit einem Sack, vollgefüllt mit 500 nagelneuen Pfennigstücken, zurück. Die hatte er gerade bei der Sparkasse geholt, denn bei den verqueren Bierpreisen damals und dem verbreiteten Geiz – gerade unter den bäuerlichen Gästen - brauchten die Bedienungen immer reichlich Pfennige für Rück- und Wechselgeld.

Als Beweis schüttete er nun die Pfennige vor dem Bauern auf den Tisch. Dessen Augen wurden bei der frisch glänzenden Pracht noch größer. Generös sagte dann mein Vater: „Damit´st mir´s glaubst, schenk ich Dir an Pfennig, hab genug und Du hast mir ja gerade eben einen gepresst." Sprachs, gab ihm einen der Pfennige und sackte dann die restlichen wieder ein.

Da wurde der Bauer irgendwie eigentümlich still, trank hastig sein Bier aus, zahlte – bekam zwei glänzende neue Pfennige als Rückgeld – und verschwand grußlos.

Eine halbe Stunde später stand er wieder in der Gaststube. In seinem Gefolge der Schwindels Max, einer der damaligen Stadtpolizisten, die in jener Zeit noch in schmuckem Blau gekleidet waren. Der wusste, dass der Sternwirt ein Schlitzohr ist, und wollte es sich nicht nehmen lassen,

vor Ort die Anzeige wegen „illegalen Münzpressens" zu bearbeiten.
„Das ist der Gauner", sagte der Bauer, als er meinen Vater sah.

Der Gendarm dankte dem Bauern für seine Wachheit gegenüber dem Verbrechen. Er versicherte ihm, dass die Angelegenheit in besten Händen sei und auch strengstens verfolgt werde. Damit war es der „Schmuchtige" zufrieden und verschwand.

Nach dieser amtlichen Einleitung ließ sich der Schwindels Max eine Halbe einschenken, denn es war ja auch gerade Vesperzeit. Er bekam dann natürlich als Rückgeld ebenfalls zwei „frisch gepresste" Pfennigstücke - die durfte aber dann die Bedienung als Trinkgeld wieder einstreichen.

———— ◆ ————

Nebenbei:
In Bayern war bis April 1958 der Bierpreis staatlich festgelegt. Die letzte Bierpreiserhöhung hatte es 1953 gegeben und seither kostete die Halbe in Bayern im Durchschnitt 63 Pfennig. Nach dem Wegfall der staatlichen Bierpreisbindung sank der Preis für die Halbe im selben Jahr sofort auf 59 Pfennig. Gemäß den Grundsätzen der freien Marktwirtschaft regelten nun auch beim Bier Angebot und Nachfrage den Preis.

Fritz und Fritz

Die Gegensätze konnten eigentlich nicht größer sein: da der Akademiker und Doktor, dort der Arbeiter und Metzgergeselle. Man pflegte dennoch gegenseitigen Respekt, wie es sich eben damals gehörte - trotz der „Klassenunterschiede"

Einmal im Jahr sahen sich die beiden Fritzen auf „Gedeih und Verderben" aufeinander angewiesen: bei der herbstlichen Hausschlachtung für den Doktor Fritz G., unseren Nachbarn. Die Sau hatte mein Vater zu besorgen, und die Ansprüche des Doktors waren hoch: zwei Zentner wenigstens, nicht zu fett, nicht zu mager; am besten aus der „Pfalz". Für die Verarbeitung war dann der Geißlingers Fritz zuständig, eine nicht ganz einfache Aufgabe für den Nebenerwerbs-Metzger.

Zum baldigen Verzehr nach der Schlachtung mussten Siedwürste, die Schipf und natürlich Bratwürste fertiggestellt sein. Pressack - weiß, rot und von der Leber, Bauernseufzer, Hirnwurst, G´räucherts für die Vorratskammer, schließlich dann noch reichlich gut zugeschnittene Bratenteile für die Kühltruhe. Wie gesagt, die Ansprüche waren stets hoch. Der Doktor war damals Vorreiter in Sachen Kühltruhe in Pegnitz, denn er besaß schon sehr früh zwei mächtige Exemplare für die anfallenden „Viktualien".

Dazu muss man wissen: damals gab es noch keine Pflicht-Krankenversicherung für Landwirte, und nicht nur Bauern entlohnten ärztliche Dienstleistungen oft mit Naturalien. Der Doktor erhielt vielerlei: Eier, hausgemachte Wurst, auch mal eine Gans, einen Hahn oder ein Stück Wildbret, usw. In den Gefriertruhen des Doktors mussten außerdem die Preise für das jährliche im Herbst stattfindende „Viktualienschießen" der Kgl. Privilegierten Schützengesellschaft eingelagert werden.

Waren die Erwartungen bezüglich der Verarbeitung der Sau erfüllt, fielen Lob und Löhnung für den Geißlinger immer großzügig aus. Aber - wie gesagt - der Doktor war anspruchsvoll. Fritz Geißlinger und mein Vater konnten ihm nur schwer plausibel machen, dass eine Zwei-Zentner-Sau nicht nur aus zwei Zentner Schinken und Braten besteht, sollten zudem noch ein halber Zentner Pressack und „Wörschd" herausgeholt werden.

Ich konnte einmal Zeuge werden, wie sich Fritz und Fritz bei der Schlachtschüssel kabbelten. Der Geißlinger ist in der Wurstküche mit dem Füllen einer Plunze beschäftigt. Neben dem Kessel, aus dem das Gesottene geschöpft wird, steht der Doktor und überwacht alles. Das ließ er sich nämlich nie nehmen: die höchstpersönliche Überwachung der Produktion - „vor Ort" in der Werkstatt, mit einem Fleischspieß in der Hand und hin und wieder im Kessel herumstochernd.

Dr. Fritz: „Geißlinger, i möchd diesmal an gscheidn Bressagg, ned blos mit Schwardn, wie letzthin."
Fritz: „Wie kann i an gscheidn Bressag machn, Herr Dokter, wenns ma s ´ganze Fleisch aus´m Kessel rausfressen!"
Dr. Fritz: „Ts, ts, ts ...".
Sprach`s, schob noch ein Stück von einer Schweinsbacke in den Mund und zog scheinbar gekränkt ab.

Ein Jahr später durfte der Geißlinger dennoch wieder einen „gscheidn Bressagg für den Dokter" machen und wieder musste er versuchen, aus einer Zwei-Zentner-Sau einmal mehr als zwei Zentner Braten und Schinken und einen halben Zentner Würste und Kesselfleisch zu produzieren.

Wetten dass...

Ein Gasthaus benötigt, seinem Zweck entsprechend, natürlich eine gehörige Ausstattung an Trinkgefäßen. Im Stern hatten die Stammgäste - besonders die Schützen - ihre Stamm-Bierkrüge, der „normale" Gast bekam sein Bier nach Wunsch im Schoppen- oder Seidel-Glas serviert und zu bestimmten Anlässen war der Maßkrug gefragt. Dann gab es noch kunstvoll gestaltete Bierhumpen mit verzierten Zinndeckeln, von welchen manche bis zu drei Liter fassten, sowie einen Bierstiefel aus Glas. „Stiefel-Saufen" war bei den Fußballern beliebt, wenn es was zu feiern gab. Dann wurden oft auch Wetten abgeschlossen, wer, was, wie viel „auf ex" leeren konnte.

Zum Inventar des Sterns gehörte auch ein sogenannter Erbskrug. Der war meines Wissens kein Produkt der inzwischen ausgestorbenen Creußener Töpferkunst und der hatte so seine Besonderheiten. Die Wand dieses Kruges - in Form eines klassischen Henkelkruges mit knapp 2 Litern Fassungsvermögen - war mit Löchern durchsetzt, die aber nicht durchgängig waren. Der Krug war nämlich doppelwandig getöpfert, was man ihm nicht ansah, sondern nur anhand des Gewichtes vermuten konnte. Die Löcher sind der Grund für den Namen „Erbskrug"; so erklärte es mir mein Vater: Nach dem Formen des Kruges wurden an unterschiedlichen und ausgeklügelten Stellen Erbsen in die äußere Wand und an bestimmten Punkten in der Innenwand und am Henkel in den noch weichen Ton gedrückt. Die Erbsen verglühten dann beim Brennen und hinterließen die runden offenen Stellen. Der Krug funktionierte nach einem raffinierten Prinzip: Er konnte nur gefüllt werden und seine Füllung behalten, wenn man ein ganz bestimmtes Loch an der Außenwand und das Loch am Henkel mit einem Finger verschloss. Das ging mit einigem Geschick mit einer Hand. Ansonsten ergoss sich der Inhalt binnen Kurzem wie aus einer Gießkanne nach allen Seiten. Der Sternwirt hatte das nach etlichen nassen Erfahrungen gut geübt und den Krug sicher „im Griff". Dieser

Krug kam nur selten und wenn, ganz gezielt bei bestimmten auffälligen und uninformierten Personen zum Einsatz.

Was mein Vater nicht leiden konnte, waren Aufschneider und Angeber, besonders wenn sie außerdem zur Kategorie „großspuriger Fußballer" gehörten. Da kam ihm einmal ein solcher Kandidat gerade recht für den Einsatz des Erbskruges. Es ging um einen jungen Fußballer, der sich meist weniger auf dem Fußballplatz, als vielmehr bei den anschließenden Zechgelagen hervortat. Er hielt sich für den fähigsten Stiefel-Säufer unter Seinesgleichen, was Menge und Trinkgeschwindigkeit anging. Als er wieder mal im Anschluss an eine sonntägliche „Siegesfeier" in der Gaststube vor den Stammgästen große Töne spuckte, bot ihm mein Vater eine Wette an: Wenn er den gezeigten Krug, bis oben gefüllt mit Bier, ohne ihn abzusetzen leeren würde, ginge alles, was er schon getrunken und verzehrt habe, auf Rechnung des Hauses. Ansonsten müsse er den anwesenden Stammgästen die nächste Runde bezahlen und für die sonstigen Folgen der Wette aufkommen. Die meisten Stammgäste kannten die Tücke des Erbskruges und freuten sich schon auf das Spektakel.

So kamen denn anfeuernde Rufe wie: „Ist doch kein Problem!", „Das schaffst du eh auf ex!", „Los, zeig's dem Wirt!" und „So leicht würde ich auch meine Zeche verdienen wollen...".

Man hieß den Wettkandidaten sich neben der Theke zu platzieren, damit er auch das Einschenken beobachten könne, und die anderen sollten bei seinem Meistertrunk gut zusehen können.

Mein Vater zapfte unter Aufsicht des Kandidaten den Krug bis unter den Rand voll und überreichte ihm dann etwas umständlich anmutend das Gefäß - nichts wurde vergossen. Gerade als unser Kicker den Krug an den Mund gesetzt und einen ersten Schluck genommen hatte, gab es ein glucksendes Geräusch - gerade so wie beim Bier-Stiefel, wenn man ihn mit der Spitze nach oben leert - und schon ergoss

sich aus allen Löchern das „gschmackige Nass", über den Anzug, in den Hemdkragen und auf den Boden. Das schadenfrohe Gejohle der Stammgäste wollte lange kein Ende nehmen, da dem Wett-Verlierer außerdem noch ein Putzeimer in die Hand gedrückt wurde, damit er die Folgen beseitigen konnte. Das Geheimnis des Erbskruges blieb weiter bei den wenigen Eingeweihten, die sich jetzt auch den Unwissenden gegenüber gut brüsten konnten. Unser Wettkandidat ließ sich fortan nur noch selten in der Gaststube blicken, blieb lieber zum Feiern bei seinen Sportkameraden im Saal.

Ich war scharf darauf, diesen Krug - der ganz bestimmt eine Seltenheit und Kuriosität war - zu behalten. Das untersagten meine Eltern, da dieser, wie z.B. die von der Brauerei gestellten Gläser und Krüge, zum Inventar des Stern gehörten. Der Erbskrug wurde nach der „Ebenhöh-Ära" im Stern nicht mehr zum Einsatz gebracht und ging wohl den Weg alles Irdischen oder Irdenen. Schade!

„Und sündhaft ist der Mensch im Ganzen ..." – Teil 2

... und er ist erfinderisch, wenn er seinem Trieb, der Befriedigung seiner Leidenschaft, folgen will oder muss. Dabei ist er aber auch oft bescheiden im Anspruch an die Atmosphäre, in der er dies tut. Man denke nur an die Rangierlokomotive.

Was kann man sich unter einem „Sündenpfuhl" vorstellen? Für mich, bald aufgeklärten Knaben, wurde dieser Begriff konkret mit dem großen Wäschekorb, der im Bad auf der Fremdenzimmeretage untergebracht war. Es gab im Haus nur ein Bad, gleich neben der Damen-Toilette im Obergeschoss und darin stand ein mir riesig vorkommender Wäschekorb zur Aufnahme und Lagerung der Gästewäsche.

Im Fasching wurde im Obergeschoss vorübergehend ein Fremdenzimmer zur Bar umfunktioniert, denn die Bar war damals anscheinend ein unentbehrliches Muss bei närrischen Tanzvergnügungen. Dort kam man sich in dämmriger Atmosphäre, zur Entspannung nach den schweißtreibenden Ritualen auf der Tanzfläche wieder Kraft schöpfend, gerne besonders nah. Wer als zusätzlichen Ausweichort - als „Lustort" - den Wäschekorb im Etagenbad entdeckt hatte, ist nicht mehr nachforschbar. Jedenfalls hatte mein Onkel Sepp da so gewisse Einblicke gewonnen, die er natürlich umgehend weiterverbreitete. Dieses Bad war tückischerweise über ein Oberlicht von der Treppe zum 2. Stock aus einzusehen - mit Blick direkt auf den Wäschekorb. So wurde Sepp an einem Faschingsabend auf dem Weg ins Dachgeschoß ungewollt zum Spanner. Wen er da sah und womit die beschäftigt waren, darüber schweigt jetzt des Sängers Höflichkeit. Das Amüsement über das Gesehene war aber ungemein und nachhaltig - besonders im Blick auf gewisse Kreise der besseren Pegnitzer Gesellschaft.

Der Wäschekorb als Tatort wurde schließlich einer anderen Person zum Verhängnis! Eine weitentfernte Cousine, die Hannelore, ein ungemein hübsches Mädchen, sollte im Stern auf Bitten ihrer Familie eine Ausbildung durchlaufen. Sie war ein fescher Feger mit ihren sechzehn Jahren und da war es nicht verwunderlich, dass die Männer sie umschwärmten wie Motten das Licht. Natürlich versuchte sie ehrlich, den Ermahnungen meiner Eltern und ihres Großonkels (mein Großvater) zu entsprechen. Aber das Schicksal nahm seinen Lauf in Person des Mittelstürmers der ASV-Fußballer: gutaussehend, sportlich, schlank, mit südländisch anmutendem Lockenkopf - der lokale Fußball-Star und Frauenliebling. Und dann so ein verruchter Faschingsabend: Wo war Hannelore abgeblieben? Sie musste doch im Haus sein! Zuletzt hatte jemand sie im Arm des Mittelstürmers nach oben in die Bar gehen sehen und später den Fußballer wieder beobachtet, wie er aus der Richtung der Damentoilette kam. Schließlich fand man den völlig aufgelösten Teenager - trunken von Alkohol und zu intensiver männlicher Zuwendung in dem verderblichen Wäschekorb. „Sie hat hoffentlich nichts eingesackelt." - wieder mal die Sorge meiner Mutter und dazu Selbstvorwürfe wegen vernachlässigter Aufsichtspflicht. "Ma mou sich ja Sündn schäma..." sagte die Großmutter und der Familienrat beschloss, dass Hannelore umgehend in den Schoß der ihrer Familie zurückkehren müsse. Ich bedauerte das sehr, denn meine Verwandte hatte auch für ihren zwei Jahre jüngeren Cousin an manchen trüben Abenden für Kurzweil gesorgt, z.B. beim „Mensch-ärgere-dich-nicht-Spielen" und anderen, natürlich immer harmlosen, Spielen.

Es ist nicht zu glauben, welche Lokalitäten zu intimen Zweisamkeiten dienen können. Ende der Fünfziger wurde eine Waschmaschine, Marke Constructa, angeschafft. Ein Mords-Ding, verpackt und angeliefert in einem entsprechend voluminösen Karton, der dann in der Laube zwischengelagert wurde. Eines der Dienstmädchen seinerzeit - ebenfalls mit Vornamen Hannelore - kam von einem Kirchweihausflug recht spät zurück. Die Haustüre war schon verrammelt und einen Schlüssel hatte sie nicht. Schüchtern und harmlos, wie sie war, traute sie sich auch nicht, sich jetzt lautstark bemerkbar zu machen. Wie und wo war die Nacht zu verbringen? Blieb nur die Laube mit dem ausgelagerten Waschmaschinen-Behälter.

Am Morgen bemerkte mein Großvater - er war immer als einer der Ersten auf dem Anwesen zugange - merkwürdige Geräusche und Bewegungen in der Laube. Auf sein Rufen hin meldete sich niemand, also sah er genauer nach. Da war es nicht nur Hannelore, die er in der „Constructa-Behausung" fand: In inniger Umarmung wärmte sie ihr Kavalier der vergangenen Nacht, ein gleichermaßen schmächtiges und verhuschtes Bürschchen.

So ist wahre Liebe!
Stellte auch der Familienrat fest, und bei der bekannten „Disposition" dieser Liebenden kam auch bei meiner Mutter nur ganz entfernt die Sorge auf, da hätte sich eine Schutzbefohlene vielleicht was „eingesackelt". Die Großmutter trotzdem: „Die möun doch Sündn fürchtn!"

Caruso

Nein, nein ... Enrico Caruso, der berühmteste Tenor des 20. Jahrhunderts kam nicht nach Pegnitz, und schon gar nicht zu einem Gastspiel in den Stern. Pegnitz ist nicht Neapel, und Oberfranken nicht Italien. Dass hier ein Jahrhundertsänger zur Welt und von hier aus in die Welt kommt, ist nicht so gewiss. Ein Stimmwunder gab es aber auch einstens hier in der karstigen fränkischen Provinz - und alte Pegnitzer erinnern sich bei dem Namen Caruso nicht nur an den großen Künstler aus Italien.

Unser Caruso - mit bürgerlichem Namen Hans Wagner - war Spross einer bekannten Pegnitzer Familie und erlernte gemäß einer Familientradition das Metzgerhandwerk.

Und Singen konnte er! Was für eine Stimme hatte er: sie bestach mit Schmelz, Strahlkraft und „italienischem" Tremolo; war kräftig und voluminös, in den höchsten Lagen und im Pianissimo. Man musste ihm einfach zuhören. So wurde der Wagners Hans nicht umsonst zum „Caruso".

Er half bei meinem Vater für einige Zeit als Geselle aus. So lernte ich ihn ganz unmittelbar kennen. Caruso war untersetzt und kräftig. Bedingt durch eine angeborene Hüftverrenkung hatte er den dazugehörenden, typischen watschelnden Gang, was ihn aber nie daran hinderte, sich mit Geschwindigkeit eines Eilzugs durch die Werkstatt zu bewegen - oder dem Stammtisch zuzustreben. Letzteres trübte die Beziehung zwischen meinem Vater und seinem zeitweiligen Gesellen.

Die Physiognomie von Caruso erinnerte durchaus an das berühmte Vorbild: runde, weiche, fast „sinnliche" Gesichtszüge. Mimik und Gestik erinnerten beim Gesangsvortrag fraglos an das Vorbild. Caruso und Caruso waren keine „Heldentenöre", sie waren Meister des Belcanto, jeder in seiner eigenen Ausformung. Caruso sang meist bei der Arbeit, nur nicht, wenn ein „Suckerl" geschlachtet wurde (den

Ausdruck „Suckerl" für eine Sau habe ich erstmals von Caruso gehört). Die Gelegenheit zum Singen nutzte er meist, wenn er allein vor sich hinwerkelte: beim „Ausbeinen", Wurstabfüllen, Aufräumen der Werkstatt usw. Und da drangen dann mit vollster Emphase gesungene Arien und „belcantische" Gassenhauer aus der Werkstatt hinaus in die Umgebung - hinüber über die Straße bis zur Baywa, zum Wiesend- und Dietrichs-Haus und hinunter in den Sterngarten.

Seine Konzerte konnte ich leider nur in den Ferien richtig erleben. Wenn ich ihn um ein Gesangsstück bat, gab er mir - er sagte dann immer „Natürlich, für mein´ Fritzi" - eine Probe seines Könnens. Sein Repertoire schien mir jedoch nur wenig abwechslungsreich, denn es ging fast immer um Frauen, rote Rosen, ein eiskaltes Händchen oder um geküsste Hände. „Granada" aber - das glaube ich heute noch - kann ich nur von Fritz Wunderlich mit gleich beeindruckender Emphase gehört haben.
Verklärt die Erinnerung wieder?

Man stelle sich vor: Gummistiefel an den Füßen, die kurzen Beine in einer Lederhose, gestreifte Metzgerjacke und darüber eine überlange Metzgerschürze. Und dann singt der beim Einfüllen von Blutwürsten oder rotem Pressack „Dunkelrote Rosen schenk ich schöne Frau", „Gern hab ich die Frau´n geküsst" und beim Vorbereiten der Schlachtschüssel „Dein ist mein ganzes Herz". Besonders über Richard Tauber klärte er mich musikalisch auf.

Wenn keine Gelegenheit war, richtig loszuschmettern, gab er wenigstens immer eine Art Tirilieren von sich - meist mit der Melodie von „Dunkelrote Rosen". Caruso sang nicht auf Befehl oder etwa für Freibier. Er war meines Wissens nie in einem Gesangverein. In einem der landsmannschaftlichen Chöre wäre er fremd gewesen. Der Volkschor hatte damals für einen Pegnitzer Handwerker zu proletarische Wurzeln und der Männergesangsverein war für einen wie Caruso - trotz seiner bürgerlichen Herkunft - vielleicht zu „bürgerlich".

Pünktlichkeit und Stetigkeit in puncto Arbeit zählten nicht unbedingt zu den Primär- oder (Sekundär-) Tugenden von Caruso. Er war halt doch „Künstler". Um seine Stammkneipen anzufahren und sich so rasch als möglich von der schnöden Arbeit zu entfernen, half ihm sein Moped. Das konnte er mit solcher „Grandezza" in Bewegung setzen, dass seine Behinderung gar nicht auffiel. Auch hier hatte er es mit Tempo und Express-Geschwindigkeit. Das Gastspiel von Caruso im Goldenen Stern dauerte nicht lange, man trennte sich aber in Freundschaft.

Solange ich nach Pegnitz kam und wir uns zufällig begegneten - lange ist es schon her - er meist auf dem Moped vorbeiknatternd, grüßte er mich immer mit einem fröhlichen „Hallo Fritzi!", unterlegt mit seinem vertrauten Trällern. Höre ich heute „Dunkelrote Rose" oder „Dein ist mein ganzes Herz", sehe ich wieder Caruso vor mir.
Wie könnte man so einen vergessen.

„Bengatzer Klöß"

Die 600-Jahrfeier der Stadterhebung von Pegnitz war zehn Jahre nach dem Krieg das erste Großereignis in der Stadt. Der Sternsaal, gerade frisch renoviert, bot gut und gern 100 Gästen Platz. Dazu kam noch die Gaststube und bei schönem Wetter wurde auch der Sterngarten geöffnet. Der Stern war also für einen großen Gäste-Ansturm räumlich gut gerüstet.

Ein Busunternehmen aus Köln wollte mit drei Bussen zum Tag des großen Festzuges anreisen und die etwa 100 Reisenden sollten im Stern mit einem typisch fränkischen Mittagessen verwöhnt werden: natürlich Schweinsbraten mit Klößen und Kraut. Schweinsbraten und Kraut - kein Problem. Nur für die richtigen „Bengatzer Klöß" bräuchte man vielleicht Unterstützung.

Der Stern war mit den üblicherweise zur Klöß-Herstellung notwendigen Gerätschaften ausgestattet: Einer Kartoffelreibe aus Holz mit Blech-Armierung, von einem Bosch-Elektromotor angetrieben, welcher der Größe eines Flugzeugmotors entsprach; einer Kartoffelpresse nach Art einer Weinkelter, vom Ausmaß eines 50-Liter-Fasses; stattlichen Gastronomie-Kochtöpfen und natürlich einem klassischen Fleischerei-Kessel.

Das „Know-how" zur Herstellung der fränkischen Delikatesse ist aber nun einmal an Personen gebunden und die vormals sudetendeutschen Wirtsleute waren darin nicht so geschult. Sie hatten Bedenken, vor allem bei der zu erwartenden Menge der Gäste. Wohlmeinende Freunde und der Knopfer-Hans empfahlen deshalb, für diese Herausforderung die beste und erfahrenste Klößköchin von Pegnitz in Dienst zu nehmen. Und da kam nur die damalig Köchin des Pegnitzer Krankenhauses in Frage. Ich erinnere mich nicht mehr genau an ihren Namen. Ich meine, man nannte sie die „Kuni".

Sie erklärte sich bereit, diese Herausforderung anzunehmen.

Am Freitag vor dem großen Ereignis wurden die Lokalitäten und alle Gerätschaften inspiziert und die Kartoffeln auf Menge und Qualität hin überprüft. Der große Wurstkessel in der Metzgerwerkstatt wurde für die vorgesehene Menge der Klöße als bestens geeignet angesehen. Nach den Anweisungen der Küchenmeisterin wurde dann alles gerichtet. Die Zubereitung umfasste folgende Schritte: Am Samstagnachmittag Reiben der Kartoffeln (eine Tätigkeit, die mit der vorhandenen Maschine heute nur noch mit Gehörschutz erlaubt wäre), dann das Auspressen der Kartoffeln und Auffangen der Kartoffelstärke in einer großen Wanne, das Abschöpfen der Stärke aus dem Kartoffelsaft, welche dann dem Kloßteig zugegeben werden muss, und schließlich Schwefeln des Kartoffelteiges (was heute sicher auch verboten ist), um ein Grauwerden der Knödel zu verhindern.

Am Samstagabend nahm die Kloßspezialistin nochmals alles in Augenschein und war mit den Resultaten höchst zufrieden. Schon in aller Frühe des Festsonntags wurde der Kessel angeheizt. Sie selbst übernahm noch das Rösten der „Klöß-Bröckerla" und überwachte später die exakte Formung und Größe der Klöße. Höchstpersönlich und zum geplanten Zeitpunkt wurde dann von ihr das Startzeichen gegeben, die Klöße in den siedenden Kessel zu legen. Um zwölf Uhr wurden die Gäste erwartet. Klöß´ dürfen ja nicht gekocht werden, sie sollen nur „ziehen" - und da gab es ein Problem. Nachdem etwa 200 Klöße im Kessel gelandet waren, meinte die Köchin - den Umgang mit dem Fleischerei-Kessel im Stern nicht gewohnt - dass kräftig nachgefeuert werden müsse, damit die Wassertemperatur durch die Hineingabe der Knödel nicht zu sehr absinken würde.

Wie heißt es schon bei Schiller: „Wohltätig ist des Feuers Macht, wenn sie der Mensch bezähmt, bewacht,...", aber: „wehe wenn sie losgelassen...!".

Das jetzt entfachte Feuer im Kessel wäre noch zu bändigen gewesen, der Kessel insgesamt war allerdings sogleich derartig aufgeheizt, dass die Klöß´ entsprechend den physikalischen Gesetzen und der Knödel-Lehre vom festen in den flüssigen Aggregatszustand überführt wurden. „Klar wie Kloßbrüh!", würde man jetzt sagen.

Nun war guter Rat teuer, doch der kam nicht von unserer Chef-Kloß-köchin. Noch bevor die Busse aus Köln ankamen, war von ihr nichts mehr zu sehen.

Glücklicherweise hatte mein Vater zusammen mit dem Knopfer-Hans kurz zuvor die „Hotel und Gaststätten Messe" (HOGA) in Nürnberg besucht. Dort waren von der Firma „Pfanni" brandneu ihre Produkte auch für die Gastronomie angeboten worden und mein Vater hatte einige „Gastronomie-Gebinde" von Pfanni-Klößen geordert. Man holte jetzt noch ausreichend große Töpfe und das Klößwasser wurde auf dem großen Herd zum Sieden gebracht. Alle verfügbaren Hände formten Klöße und so gelang es dann doch noch, mit einer kleinen Verspätung zwar, den rheinländischen Gästen „echt fränkische Klöße" anzubieten.

Klöß´ und Braten haben wohl geschmeckt, denn der Reiseunternehmer brachte auch in den folgenden Jahren immer wieder einen Bus mit Gästen nach Pegnitz und zum Stern. Denn: "So ´ne fränkische Klops is schon wat Jutes", soll einer der Kölschen Gäste geäußert haben.

Teppiche für den Wirt

Das Nebenzimmer im Stern, der Saal, war seinerzeit für Ausstellungen und Werbeveranstaltungen recht gefragt. Eines Tages erschien eine fremdländisch anmutende Familie im Stern und wollte den Saal für eine Teppichausstellung anmieten. Man reiste mit dem neuesten Opel-Kapitän und einem schicken Hänger an. Die Geschäftsleute traten als ein prachtvoll genährtes Ehepaar in Erscheinung, mit einem Sohn meines Alters, einem Jungen, der meinen Cousin Schorsch und unseren Freund Hebs noch um Etliches an Leibesfülle übertraf - was etwas heißen sollte. Die etwas dunkle Hautfarbe, leicht bläulich glänzende schwarze Haare, sehr gepflegte Kleidung und eine aufdringlich parfümierte Aura - bei Vater und Sohn gleichermaßen - registrierte man erstaunt. Der Knabe aber „stank" mir in jedem Sinn des Wortes, da er offensichtlich keine Schule besuchen musste, tagaus tagein, wie sein Vater in einem blauen Anzug mit Krawatte herumlief und stundenlang im Opel saß, um sich an einem exklusiven „Becker-Autoradio" schaffen zu machen und ohne Ende in voller Lautstärke Musik zu hören.

Die Teppich-Werbungs-Veranstaltungen der Familie S. schienen nicht besonders von Erfolg gekrönt. Das war aber - wie man letzten Endes den Eindruck hatte - auch gar nicht wesentlich. Die Familie lebte in dieser Woche im Stern recht gut: man stärkte sich „a la carte" und mit Vollpension, trank und speiste vom Feinsten, obschon Teppich-Interessenten und Käufer ausblieben.

Als es nun ans Zahlen ging, war kein Geld da. Die Gründe dafür schienen vielfältig: schlechte Geschäfte, da schlechter Ort mit geizigen Kleinstädtern, fehlende Mitwirkung durch den Wirt usw.

Ich hatte bis dahin keine Berührung mit KZ-Insassen und NS-Opfern. Aber jetzt erlebte ich eine besondere Art der Konfrontation. Als meine Mutter Frau S. darauf hinwies, dass Bewirtung, Unterkunft und auch alle anderen Leistungen doch nicht umsonst zu bekommen seien, streckte sie meiner Mutter ihren entblößten linken Unterarm entgegen: darauf sichtbar eine eintätowierte KZ-Nummer. Dann erfolgte ein aggressiver Angriff folgenden Inhalts: was meine Mutter sich erlaube, von ihr Geld zu fordern, da sie doch in einem deutschen KZ gesessen sei, man sie und ihre Sippe verfolgt habe und man nun sein Geld mit Umherreisen verdienen müsse.

Nicht nur damals verstand ich gleichwohl, wie meine Mutter reagierte. Es lag eben zehn Jahre zurück, dass meine Eltern und Großeltern aus der böhmischen Heimat von Haus und Hof vertrieben worden waren und die Familie enteignet worden war. Zwei Cousins meiner Mutter waren erschlagen worden und etliche aus der Familie hatten gerade noch das nackte Leben retten können. Deshalb brach es aus ihr heraus: dass sie auch „dem Hitler was zu verdanken habe und nicht nur sie", und man möge ihr nicht so unverschämt fordernd daherkommen. Selten erlebte ich meine Mutter in solcher Rage.

Die Männer einigten sich pragmatisch. Herr S. wusste, dass er wegen Zechprellerei belangt werden konnte, und bot Ersatz in Naturalien an.

Meine Eltern erhielten aus dem Ausstellungsfundus der Familie S. eine ausgewählte Teppichkollektion: einen „echten Perser" für das Wohnzimmer, eine Bettumrandung für das Schlafzimmer und einen „besonders schönen Läufer" für das Zimmer des Sohnes. Am längsten hielt noch dieser Läufer. Die Bettumrandung war wegen verquerer Maße nicht verwendbar und der „echte Perser" besaß so etwas wie eine eingebaute Vorrichtung zur Selbstzerstörung. Nicht mal zehn Jahre nach dem Erwerb hatte sich das Ding - ohne dass es besonders strapaziert wurde - in Streifen und Fäden aufgelöst.

Als wir 1963 den Stern verließen, hatte sich ein stattlicher „Nachlass" angesammelt, erhalten von Zechprellern und sonstigen „klammen"

Zeitgenossen. Teilweise wunderliche Pfandstücke waren verblieben: Hüte, Mützen und Kleidungsstücke, vom Schlafanzug bis zum Frack, Regenschirme und Handschuhe, ein Musterkoffer für Bonbons und - man staune - etliche Reisepässe und Personalausweise.

Besonderen Eindruck hinterließ ein technisches Gerät: eine Bohnermaschine, die ihrem Erfinder wohl wenig Ertrag gebracht hatte. Als Pfand für seine Übernachtungsschulden im Stern überließ dieser den Prototyp seines Erzeugnisses dem Wirt. Die Idee zu dieser Apparatur mutet bestechend an: in einem Gusseisenkörper wird über eine mit kräftigen, selbstspannenden Stahlfedern versehene Eisenplatte das Bohnerwachs durch eine Filzplatte gepresst. Der stetige „Nachschub" soll so das Bohnerwachs auf dem Boden verteilen. Was in der Theorie plausibel klingt, funktionierte nur leider nicht. Das Ding war nur ein einziges Mal ausprobiert worden und dann nie wieder. Man hob sich fast einen Bruch bei dem Versuch, das Gerät zu stemmen. Handelsübliches Bohnerwachs war nicht verwendbar, sondern nur ein Spezialwachs, das der „Erfinder" selbst vertrieb, und einmal eingefülltes Wachs konnte nur unter großem Aufwand und mit kochend heißem Wasser wieder aus dem Gerät entfernt werden.

Die Sache mit der Bohnermaschine mag zum Schmunzeln anregen, die „Teppichgeschichte" ist heute für manchen vielleicht nicht so erheiternd - oder politisch korrekt. Aber die Zeiten waren halt so.

Olga Tschechowa - Der UFA-Star

Ich war immer etwas neidisch, wenn ich erfuhr, dass Rudolf Schock, der zu dieser Zeit berühmteste deutsche Tenor, während der Festspielzeit wieder bei der „Lutters Walli" in deren Gasthof am Bahnhof abgestiegen war. Er kehrte dort jedes Jahr ein, um bei der befreundeten Familie seine Lieblingsspeise „Schweinebraten mit Fränkischen Klößen" zu genießen.

Warum musste die „Fränkische Presse" immer wieder so penetrant über dieses „Prominenten-Ereignis" berichten. Dieses Blatt - heute „Nordbayerische Zeitung" - besaß damals das „Medienmonopol" in Pegnitz. Und das wurde vor Ort von Ruth Sommer repräsentiert.

Ruth Sommer war eine außergewöhnliche Frau, in vielen Dingen der Zeit voraus, emanzipiert, klug, gut aussehend, frech, leidenschaftlich, aber andererseits freilich auch kauzig. Sie war auch, wie kann es bei solchen Eigenschaften anders sein, eine Aktivistin für die Belange der SPD und der Gewerkschaften. Ebendeshalb sorgte Ruth Sommer dann auch für prominenten Besuch im Stern.

Sie hatte einen Frauenarbeitskreis gegründet und organisierte Vortrags- und Diskussionsabende mit interessanten Leuten, natürlich zu Frauen-Themen. So gelang es ihr eines Tages, Olga Tschechowa, den legendären Ufa-Star, zu einem Vortrag für ihren Frauenkreis zu gewinnen. Damals hatten Gewerkschaftler oder SPDler kein Problem, eine „Promotion" für eine Geschäftsfrau und deren Geschäftsidee zu veranstalten, wenn man nur eine außergewöhnliche Person gewinnen konnte.

Olga Tschechowa war neben ihrem Filmruhm als die leibhaftige Repräsentantin ihres Buches berühmt geworden: „Die Frau ohne Alter". 1952 hatte sie eine erfolgreiche Firma für Kosmetikprodukte gegründet und stellte besonders natürliche Methoden heraus. Mit dieser Vermarktungsidee war sie der Zeit schon irgendwie voraus.

Der vormalige Weltstar, die angebliche Lieblingsschauspielerin Adolf Hitlers - ein Umstand, den damals niemanden störte - trat also vor dem „linken" Frauenkreis im Sternsaal auf. Der Saal war brechend voll. Als einer der wenigen anwesenden Männer war der örtliche Anbieter von „Olga-Produkten", der damalige Inhaber der Drogerie am Schweinemarkt auszumachen.

Von dem Vortrag habe ich selbstverständlich nichts mitbekommen; ich wollte nicht einmal im Saal kiebitzen, da die Themen für einen Dreizehnjährigen sicher nicht interessant sein konnten - so z.B.:

„Jede Frau hat sich selbst in der Hand",
„Ihr Gesicht hat mehr Ausdruck als Ihre Figur",
„Maniküre und Handkuss",
„Beseitigung von Falten",
„Kampf dem Doppelkinn durch Gymnastik und heiß-kalte Nackengüsse".
„Anwendung von Kosmetik-Cremes".

Wie erwähnt, Olga Tschechowa verwendete für ihre Cremes angeblich alte, auf Kräutern basierende Großmutter-Rezepte und deshalb hielten „grün gefärbte" Damen Olga Tschechowa eines Tages sogar für eine Vordenkerin.

Eine solcher Star, von dem Eltern und Großeltern schwärmten, der immer noch ein großes Publikum anzog, von dem immer noch in der Zeitung zu lesen war und den man im Fernsehen bewundern konnte, erregte aber meine Neugier denn doch.

Am Ende des Abends beim Verlassen des Saals konnte ich die Tschechowa und ihre Begleitung abpassen. Ruth Sommer packte mich unter dem Umstand einfach am Schlafittchen und stellte mich der berühmten Frau als „aufgewecktes Kerlchen, den Sohn vom Wirt" vor. Hach ... Was folgte da. Wie schön und jung wirkte sie - die bald Siebzigjährige. Wie gut konnte ein Mensch riechen. Wie weich und gepflegt war die Hand, die sie mir gab und meine Backe tätschelte. Ich war hin und weg.

Ich erlebte erstmals hautnah und beeindruckend, wie Stil und Schönheit einer extravaganten Frau wirken.

In der Neuen Züricher Zeitung schrieb erst vor kurzem eine Journalistin in einem Artikel über Olga Tschechowa Folgendes:„Damen, die das Schönheitsbrevier („Frau ohne Alter") noch irgendwo aufstöbern, sind zu dem Fund zu beglückwünschen. Damit erschließt sich ihnen unerforschtes Gebiet, die Vintage-Kosmetik. Nicht alles war gut, beileibe nicht, aber viel mehr noch gilt in diesem Fall eine Plattitüde: Nicht alles war schlechter als heute."

Wie wahr.

Tierische Empfängnisverhütung

Damals machte man mit seinem Hund nicht so ein „Gschieß" wie heute. Natürlich wurde ein gepflegtes Hündchen anständig „Gassi" geführt. Die meisten Hundebesitzer entledigten sich aber der Notdürftigkeiten dadurch, dass man einfach die Tür öffnete und den Hausgenossen nach draußen ließ; überhaupt kein Problem, wenn der Hund sowieso überwiegend im Freien gehalten wurde.

Gerade auch für den männlichen Hund gilt schon immer: „Nach Freiheit strebt der Mann ...". Denn neben der eigentlichen Angelegenheit schaut der Hundemann nach Kumpels aus oder misst sich sportlich mit einem Konkurrenten. Und, wenn es an der Zeit ist, unbeeinträchtigt vom Zerren an der Leine oder anderen Einschränkungen durch den Menschen, macht er einer Hundedame den Hof.

Ende der 50er gehörte im Stern ein Spitz zur Hausgemeinschaft: ein hübscher weißer Rüde, sogar mit Stammbaum. Jenseits der Bahn und über der Bahnhofstraße wohnte eine Spitzdame. Sie gehörte zum Haushalt der Beißwangers. Die „Elbels Käthe", wie sie auch genannt wurde, betrieb dort das von den Eltern übernommene Textil- und Kurzwarengeschäft.

Wie es bei Hunden so ist, drohte auch der Elbelschen Hundedame zweimal im Jahr Ungemach - oder - je nach Sichtweise, die Wonnezeit. Unerwünschter Nachwuchs ist in allen Familien nicht gern gesehen und so muss Vorsorge getroffen werden. Die Käthe rief regelmäßig bei uns an, wenn bei ihrer Hundedame verdächtige Erscheinungen auftraten. Und dann wurde unser Fiffi einfach während der gemeldeten „Hitze" ganztags angeleint und seiner Freiheiten beraubt.

Die Beißwangerin wollte aber ihre Hündin zu diesem Zeitpunkt nicht unbedingt im Haus haben; Hundebesitzer wissen, warum. So wurde die Spitzdame also draußen vor dem Geschäft angeleint. Damit war sie aber fast ungeschützt anderen vorbeikommenden „Herren" ausgeliefert, denn man konnte nicht ständig ein Auge auf sie haben. Vom Ebenhöhs- oder Stern-Hund ging aufgrund der erwähnten Vorsorgemaßnahmen keine Gefahr aus. Aber da gab es noch andere Gesellen.

Ein besonders aufdringliches, maskulin-freches Exemplar erschien in der Gestalt eines Drahthaar-Foxterriers, der dem „Torschmied" gehörte. Er hatte den typischen viereckigen Kopf dieser Hunderasse, das Fell erschien raspelkurz wie ein „Stiftenkopf" und der Schwanz war kupiert - zum Bedauern der Elbels-Käthe nicht aber das Geschlechtsteil. Das Auftreten des Stiftenkopfs erinnerte an das eines Stenz´. Es mutete immer geschäftig und zielstrebig an. Die Fortbewegungsweise war eine Art Traben oder Stolzieren: zügig, nie zu schnell - außer auf der Flucht.

Nun gab es damals noch keine einfach anzuwendenden, pharmazeutischen oder technischen Verhütungsmittel für Hunde, die man beim Haberland, in der Schloß-Apotheke oder beim Drogisten erstehen konnte - mit Diskretion, versteht sich. Naheliegend war also eine einfache mechanische Lösung, zu der denn auch die Beißwangerin griff: Es wurden zwei breite Leukoplaststreifen kreuzweise als Versiegelung über die hündische Lustpforte geklebt. Man kann sich leicht ausmalen, dass dies nicht lange gut ging. Wir Nachbarsbuben haben uns immer königlich amüsiert, wenn die Elbels-Hündin wie besessen mit ihrem Hinterteil über das Trottoir rutschte; schon während ihrer noch „ungeschützten" Hitzezeit und besonders intensiv, als es darum ging, den ungewollten Schutz abzustreifen - was auch immer gelang.

Der sozusagen ultimative Einfall der Elbels-Käthe zur Problemlösung wurde später bis ins Einzelne am Sternstammtisch ausdiskutiert. Ich kann mich hier leider nur auf das Hörensagen und auf Dritte beziehen, also auf meinen Vater und auf die Stammtischgäste, wie die „Sparkasserer", die „Schützen", den Flechseder und andere vertrauenswürdige Zeitgenossen.

Nach der erkannten Unzuverlässigkeit des Pflaster-Kondoms kam die Beißwangerin nämlich auf die Idee, ihrer Hundedame ein Nadelkissen gespickt mit nach außen gerichteten Stecknadeln am Hinterteil zu fixieren. Vereitlung und Strafe! Der Torschmied-Foxel, der Stenz und Stiftenkopf wurde schließlich das Opfer seiner männlich-hündischen Begierde und des neuartigen „Nadel-Pessars".

Die Details dazu, was sich bei dem Versuch der Durchführung des Aktes ereignet hat, darf ich mir hier ersparen. Meine Kumpels aus der Nachbarschaft und ich waren nicht als Zeugen dabei. Wer allerdings über genügend Phantasie verfügt, kann sich das Geschehen und die Folgen gut vorstellen.

Sie glauben es nicht? Die Geschichte wurde so oft am Stern-Stammtisch bis ins Einzelne ausgemalt, von den angeblichen Augen- und Ohrenzeugen, und dabei mit nachgeahmten Hunde-Balz- und Schmerzlauten ausgeschmückt, dass sie schon dadurch nicht zu bezweifeln war.

Und wer die Elbels-Käthe, die Beißwangerin, kannte, weiß, dass diese Geschichte nicht unbedingt eine Bier- und Stammtisch-Dichtung ist.

Der Maurer

In einem Anwesen wie dem Stern gab es immer etwas zu erneuern, auszubessern, instand zu halten. Die Familie Knopf hatte ja etliche Gastwirtschaften unter Pacht oder zu unterhalten und so lohnte sich die Bindung von bestimmten Handwerkern an die Firma. Für Maurer- oder Verputzarbeiten hatte man den Distlers Hänser.

1954/55 wurde der Stern einer Gesamtrenovierung unterzogen, Schlachthaus und Wurstküche wurden im Nebengebäude an der Bahnhofstraße, direkt gegenüber der Baywa, neu eingerichtet. Da kam natürlich der Distler Hänser mit seinem Handlanger, dem alten Konrad, zum Einsatz.

Der alte Distler, schon nahe an die 70, war auch einer dieser typischen Alt-Pegnitzer „Haabücherna": klein und schmächtig, nicht viel größer als 1,55 und trotz des fortgeschrittenen Alters von ausdauernder Zähigkeit - körperlich wie mental. Man sah ihn selten ohne einen seiner berüchtigten Stink-Stumpen (7 Pfennig das Stück) im Mund.

Das Ablöschen des Kalks, Anrühren der Speis oder des Putzes, Transport des Materials war allein die Aufgabe seines persönlichen Handlagers, des „alten Konrad". Der war - wie die Bezeichnung nahelegt - noch ein Quäntchen älter als sein Chef. Der Konrad war zwar deutlich größer gewachsen, aber ebenfalls recht hager. Besonders eindrucksvoll erschien mir seine Brille mit den kreisrunden Gläsern, die dick wie Flaschenböden waren und mit der er eher wie ein Lehrer oder Professor aussah. Mit stoischer Ruhe und nicht zu hastigen Bewegungen erledigte er seine Aufgaben.

Der Hänser überwachte natürlich die Vorbereitungen seines Handlangers - stets mit Zigarre im Mund. So fiel dann auch immer mal ein Häufchen Asche in die Speis oder in den Kalkmörtel, was dann fast wie ein mythischer Zuschlag, der für das Gelingen des Erzeugnisses unerlässlich ist, untergerührt wurde. Genauso ging es bei der Arbeit des Hänser: beim Mauern, Verputzen, Spachteln, immer war der Stumpen im Mund und von Mal zu Mal fiel Zigarrenasche auf die Kelle und wurde im Putz oder dem Mauerwerk mit verarbeitet. Distler Hans ohne Stumpen im Mund, ich kann mich nicht daran erinnern.

Sein siebzigster Geburtstag ist mir aus einem besonderen Grund in Erinnerung. Hans Knopf bat meinen Vater, ihn doch am Abend zur Feier zum Hänser zu begleiten und ihm zu gratulieren. Mein Vater verabschiedete sich rasch von der Gesellschaft, Hans Knopf verbrachte jedoch die ganze Nacht beim Hänser, um das Jubiläum gebührend zu begießen. Am nächsten Morgen ein Anruf von Frau Knopf: ihr Mann sei noch nicht nach Hause gekommen, mein Vater wisse, wo er sei, habe ihn doch dort abgeliefert und solle ihn gefälligst auch abholen. Auf Geheiß meiner misstrauischen Mutter musste ich meinen Vater bei dem Auftrag begleiten. Deshalb erschien mir die Sache irgendwie spannend.

Hänser wohnte in einem winzigen Häuschen in der Schlossstraße, einer Wohnstätte, die genau zur äußeren Erscheinung des Besitzers passte. Die kleinformatigen Wohnräume im oberen Stockwerk waren vom zwergigen Eingangsbereich aus über eine enge und recht steile Treppe zu erreichen. Als wir ankamen, schien die Feier im oberen Stockwerk noch im Gang, wenn auch wohl in den allerletzten Zügen. Eine übelgelaunte und übernächtigte Frau - war es die Ehefrau vom Hänser, ich weiß es nicht mehr - empfing uns und rief gleich nach oben zu Hans Knopf, dass sein „Schafför" da sei.

Und dann gab es ein Problem.
Wie Hans Knopf mit seiner Leibesfülle die schmale Treppe aufwärts überwinden konnte, erscheint im Nachhinein als Rätsel. Der Abstieg jedenfalls gelang jetzt nur mit erheblicher Verausgabung und endete mit einem ziemlichen „Kollateralschaden". Auf halbem Weg nach unten verklemmte sich der Brauer - auf einmal auf seinem Hosenboden sitzend - zwischen Treppengeländer und Wand und es ging nicht mehr vorwärts und rückwärts. Was tun?

Mein Vater bot an, den Knopfer Hans auf seinen Rücken zu hieven, um ihn damit aus der Einzwängung zu befreien und nach unten zu transportieren. Das Aufladen gelang jedoch nicht, ohne dass der „Jura-Bräu" mehrmals gegen die Decke gestumpt wurde. Schließlich konnte die Treppe mit viel Hau-ruck freigeschafft und Hans Knopf am Auto abgeliefert werden. Treppe bzw. Geländer hatten die Aktion allerdings nicht gut überstanden und sahen jetzt irgendwie äußerst lidschäftig aus.

Hans Knopf wäre nicht der Knopfer Hans gewesen, wenn er das, was er angerichtet hatte, nicht wieder umgehend in Ordnung gebracht hätte. So versetzte ein schleunigst beauftragter Schreiner das derangierte Treppenhaus des Distlers Hänser binnen Kurzem wieder in den alten Zustand.

Der Schwerenöter

Edgar F. war eine stadtbekannte Gestalt. AMAGler kannten ihn durch seine Tätigkeit im Lohnbüro. Den Stammgästen der Bahnhofswirtschaft und der „Lutters Walli" war er durch eine quartalsmäßig auftretende „Südströmung" vertraut - seine Umschreibung für die in etwa dreimonatlichen Abständen anfallenden verstärkten Durstperioden. Freibadbesucher und -besucherinnen beeindruckte er durch sein Aussehen: Eine durchaus athletisch straffe Gestalt, Vollglatze, aber an Brust und Rücken behaart wie ein Affe; überdies zeigte er imponierende Hechtsprünge vom 3-Meterbrett.

F. stammte aus Böhmen aus einem deutsch-tschechischen Elternhaus. Seiner Einberufung zum tschechischen Militär war er als bekennender Pazifist angeblich nur dadurch entgangen, dass er sich auf den „Idiotenparagraphen" berufen hatte und sich blöd gestellt hatte. Das soll er auch während der deutschen Besatzung durchgehalten haben, unter schwerwiegenden Repressalien. Man erzählte, diese ständige Verstellung hätte ihm nach der Vertreibung, und als er schließlich in Pegnitz seine Zelte aufschlug, eine reibungslose, bürgerliche Wiedereingliederung erschwert. Und das sei auch die Ursache für die wiederkehrenden „Südströmungen" gewesen. Bekannt wurde er auch als Gründer des ersten Pegnitzer Jazz-Clubs anfang der fünfziger Jahre mit Domizil im Café König.

F. war ein notorischer Junggeselle, aber ein Frauenfreund oder „Frauenversteher", wie man heute sagen würde.

Eines Abends tauchte er mit einer hübschen Begleiterin im Stern auf und verzog sich gleich „hinter den Verschlag", wie wir sagten: der Tisch bzw. der Bereich hinter der Gaststuben-Garderobe, der von Blicken gut abgeschirmt war. Er bestellte für sich und seine Gefährtin je ein Viertel Rotwein. Die Weinauswahl war damals noch bescheiden:

„Kalterersee" als Rotwein, „Niersteiner gutes Domtal" oder „Himmlisches Moseltröpfchen" als Weißwein.

Der Rotwein wurde vom Weinhändler im Fass geliefert und für den Ausschank über die Theke immer auf Flaschen abgefüllt - prekärerweise auf die gleichen Flaschen wie der Rum vom Fass. Und so geschah ein folgenschweres Missgeschick: Mein Vater ergriff statt der Rotweinflasche die Flasche mit dem Rum und füllte daraus die Schoppengläser. Die Bedienung servierte und niemand merkte zunächst etwas, denn die Farbe des Rums war von der des „Kalterer See" im Glas kaum zu unterscheiden. Nach einiger Zeit kam die Bedienung und sagte zu meinem Vater mit einem etwas merkwürdigen Unterton in der Stimme, der F. möchte nochmals „so einen exzellenten Rotwein". Beim erneuten Griff zu den Flaschen merkte nun mein Vater, dass er nicht Rotwein, sondern Rum ausgeschenkt hatte. Mit schlechtem Gewissen machte er sich persönlich auf den Weg hinter den Verschlag und F. empfing ihn breit grinsend mit einem Finger auf dem Mund. Die Dame hatte er nach Art einer Bassgeige im Arm und bearbeitete sie entsprechend.

Der „Kalterer See" hatte wohl eine durch- und durchaus niederschlagende Wirkung auf das Fräulein!

F. meinte anerkennend zu meinem Vater: „Du Hund... Du verstehst dein Geschäft." Und dann: „Nochmal das Gleiche!"
Bald darauf verließ F. mit seiner inzwischen sehr, sehr anlehnungsbedürftigen Begleiterin die Gaststube, nicht ohne sich nochmal bei Bedienung und Wirt für den guten Service zu bedanken.

Zu Ferienzeiten fuhr F. regelmäßig nach Arbeitsschluss mit dem ersten Postbus nach Pottenstein; seinerzeit ein beliebtes Feriendomizil zahlreicher Berliner(innen). Als einzige Ausrüstung hatte er immer eine Aktentasche dabei.

Zu welchem Zweck?
Jahre später, als ich ihn als Werkstudent in der AMAG näher kennenlernte, gab er mir „von Mann zu Mann" das Geheimnis seiner Aktentasche preis. Der Inhalt sei ein Schlafanzug und eine Flasche Eierlikör, kein Rum. Wobei ein Schlafanzug eigentlich entbehrlich sei - verriet er mir unter anderem.

Der Leser mag jetzt darüber sinnieren, wozu der Eierlikör? Das mir anvertraute Geheimnis kann ich aus moralischen Gründen hier nicht ausbreiten.

Tonkünstler

Musik und Gasthaus gehören zusammen wie Bratwurst und Weckla. Zunächst muss man über die in den Sechzigern populär gewordenen Musikboxen berichten, denn schon ab 1955 stand so ein Gerät in der Gaststube des Goldenen Stern. Wunschgemäß wurde die Musikbox nach dem Geschmack der Gäste und der Wirtsleute nicht mit „Negermusik" bestückt, wie sie damals gern sagten. Man wollte Rudi Schuricke, Horst Wendland oder Lys Assia hören. Später waren natürlich „Marina", Zwei kleine Italiener, Il Silenzio ein Muss und ein bisschen Elvis, mit seinen sanften Liedern. Ich selbst hielt im Grunde genommen dieses Musikgerät für entbehrlich. Denn eigentliche Musik-Kultur im Stern hatte ihren Platz im Saal.

Im Stern-Saal hielten einige Gesangvereine ihre Proben ab oder hatten hier ihre Auftritte: der Chor der Schlesier, der Sudetendeutschen und der Volkschor. Je nach Besetzung der Chöre kam mir manches etwas schrill, gelegentlich dissonant vor. Man war aber immer mit großer Begeisterung bei der Sache - und das zählte. Natürlich sangen die Sudetendeutschen am schönsten ...

Da waren dann auch die Musik-Kapellen oder „Bands", wie man bald sagte, die im Fasching oder zu anderen Gelegenheiten aufspielten: das „Trio Mariandel" aus Bayreuth, die Hiltmann-Brüder und das Ensemble der Brüder Heidenau.

Vor allem das „Trio Mariandel" machte mit seinem selbstbewussten Auftreten einen recht professionellen Eindruck. Die klassische Besetzung bestand aus Akkordeon, Gitarre und Kontrabass. Ich bilde mir ein, dass sie jeden Auftritt nicht mit der „Mariandel aus dem Wachauer Landel" begannen, sondern immer mit „Die Fischerin vom Bodensee ist eine schöne Maid, juchhe...".

Das Hiltmann-Trio schien mir etwas gediegener, bot eher „Salonmusik". Es waren Sudetendeutsche, alle hatten im Egerland eine gründliche Musikausbildung genossen und teils professionell in renommierten Karlsbader Orchestern musiziert. Der Älteste war der ruhigste der Musikerfamilie, mein erster Klavierlehrer. Der zweite der Brüder - die hintersinnige Bezeichnung „Stehgeiger" zielte natürlich nur auf das bevorzugte Instrument ab - war anders, eher extrovertiert. Er leitete auch den Chor der Sudetendeutschen Landsmannschaft. Der dritte Bruder war Spezialist in Blasinstrumenten, von der Trompete bis zu Klarinette und Saxophon.

Die progressivste Gruppe, die gelegentlich im Stern auftrat, waren demnach die Heidenaus. Die hatten schon ein Schlagzeug in ihrem Ensemble, waren moderner, folgten dem Zeitgeschmack.

Nun zu meiner eigenen Musikerkarriere zu Stern-Zeiten. Von Willy Hiltmann erhielt ich nach dem Wunsch meiner Mutter Klavierunterricht, schon bevor ich in die Schule kam. Im Saal stand nämlich ein wunderschönes Klavier von „Steingräber und Söhne", einer bekannten Bayreuther Firma, von der sich schon Richard Wagner ein Instrument für seine Villa Wahnfried hatte bauen lassen. Und so ein Klavier muss natürlich regelmäßig traktiert werden. Was ihr selbst nicht vergönnt war, wollte meine Mutter an mir gut machen und ich sollte ein Instrument erlernen. Wohl denn.

Wenn ich übte, drangen meine musikalischen Bemühungen immer bis zur Gaststube durch, mit allen Fehlern und den wechselnden emotionalen Ausgestaltungen. Da ich es auch nicht lassen konnte, gelegentlich zu meinen Klavierübungen zu singen, hatten meine Übungsstunden einen gewissen Unterhaltungswert für die Stammgäste. Sie wussten bald genau, wann ich bei bestimmten Stücken ins Hudeln und Pfuschen kam und schlossen gemeinerweise noch Wetten darauf ab, wie lange es bis dahin dauert. Der Glenk Karl von den Schützen war ein besonderer Liebhaber meiner Kunst, wie er mir sagte und von ihm habe ich auch später die Sache mit den Wetten erfahren.

Mein Lehrer Willy Hiltmann meinte eines Tages, dass er mir mit seinen Voraussetzungen nicht mehr viel beibringen könne und man solle versuchen, einen neuen Lehrer für mich zu finden. Nach einigen Wochen kamen meine Eltern über einen Zeitungsartikel auf den Hader Hans aus Schönfeld bei Schnabelwaid. Hader war seinerzeit eine lokale Größe für Volks- und Stubenmusik und hatte sogar Rundfunkauftritte aufzuweisen. Es hatte für mich bald den Anschein, dass sein Interesse eher darin bestand, mir und meinen zahlenden Eltern seine eigenen „Kompositionen" auf hektographierten Notenblättern anzudrehen, als mich im Klavierspiel zu unterrichten. Ich hatte ja schon Anspruchsvolles beigebracht bekommen: kleine Menuette und Fugen von J.S. Bach, Stücke aus dem „Album für die Jugend" von Schuhmann, Sonatinen von Mozart. Jetzt sollte ich Walzer, Dreher, Zwiefachen und Schnaderhüpfel mit von Hader erdachten merkwürdigen Titeln üben. Im Rhythmus von „Humtata, humtata ..." Die linke Hand brauchte man dabei wie beim Schifferklavier nur noch für Akkorde, was die rechte zu spielen hatte, war irgendwie gewöhnlich. Das war nicht das Meine und nach wenigen Übungsstunden bat ich meine Eltern, den Haders Max „freizusetzen", oder „den Weisel zu geben", wie meine Großeltern sagten.

So kam ich an Fräulein Christine H., staatlich geprüfte Klavierlehrerin, renommiert in Pegnitz. Sie sei weniger streng hieß es, als die oberste Musikautorität in unserer Kleinstadt, der Rektor Hartmann, der auch nur wenige, auserwählte Schüler annahm. So schickte, wer im bürgerlichen Milieu von Pegnitz etwas auf musische Bildung und Klavierschulung hielt, seinen Nachwuchs zur Tina H. Ein Nachteil war für mich jetzt, dass der Unterricht nicht mehr zuhause stattfand, sondern in der Wohnung von Fräulein H. in der Schmiedpeunt. Dafür stand ein beeindruckender Flügel zur Verfügung. Der Unterricht bei Fräulein H. hatte etwas Militärisches, sehr Diszipliniertes an sich. Daran gemahnte auch das Porträt eines jungen Wehrmachtsoffiziers mit Trauerflor, das unübersehbar auf dem Flügel platziert war. (Der im Krieg gefallene, ehemalige Verlobte - vielleicht?) Was ich bei Willy Hiltmann gelernt hatte, galt nichts mehr, ich müsse komplett von vorne beginnen, sagte sie. Dazu zählte jetzt das für mich stupide und endlose Üben und Spielen von Tonleitern und Etüden. Mag ja richtig sein, Spaß machte es nicht. Ich hatte auch bald den Eindruck, dass meine Klavierlehrerin ihre weiblichen Elevinnen bevorzugte und sie als begabter und der Kunst würdiger ansah, denn die wurden ständig als leuchtende Beispiele herausgestellt und durften - mussten? - bei Gelegenheit mir Stümper immer etwas besonders Schwieriges vorspielen. Sachen, die mir auch gar nicht so gefielen: von Ravel, Debussy und anderen merkwürdigen Komponisten.

Kurz vor meinem vierzehnten Geburtstag endete mein Weg als möglicher Meisterpianist mit folgendem Vorkommnis. Fräulein H. Hatte die Angewohnheit, beim Vorspielen der Tonleitern, der regelmäßigen Übung zu Beginn der Klavierstunde, ihren metallenen Drehbleistift begleitend über den Fingern des „Interpreten" schweben zu lassen. Stets bereit, bei einem Fehlgriff den irrenden Körperteil mit einem kurzen Schlag zu züchtigen. Bei der Cis-Dur-Tonleiter - oder war ais-moll? - verfehlte ich das zweigestrichene Cis und das Schreibgerät sauste herab, wohl meinem kleinen Finger folgend, den ich gerade noch zurückziehen konnte. Es gab ein hässliches Doppel-Geräusch und das Elfenbeinplättchen der Taste vom zweigestrichenen C flog durch die Luft. Dann Totenstille. Fräulein H. stand auf, ging ins Nebenzimmer und kam mit einer UHU-Tube zurück. Eine Klebstoff-Tube von solchem Ausmaß hatte ich bisher noch nicht gesehen. Ich folgerte also, dass Fräulein H. wohl einen erhöhten Bedarf an Alleskleber hat, vornehmlich, um von ihrem Drehbleistift ramponierte Klaviertasten zu reparieren. Also brauchte ich auch kein schlechtes Gewissen haben. Die nachfolgende Reparatur- bzw. Klebeaktion verlief weiter wortlos. Dann wurde mir eröffnet, dass die Stunde wegen der durch mich verursachten Unbespielbarkeit des Klaviers beendet sei, nach gerade mal fünf Minuten, die drei Mark fünfzig Stundengebühr seien allerdings trotzdem fällig. Mit einer Person, die mein Gerechtigkeitsgefühl so mit Füßen trat, wollte ich fürderhin nichts mehr zu tun haben und mehr zu tun haben und erklärte ihr und danach meiner Mutter, dass ich von nun an meine Pianistenkarriere für beendet ansähe. Fräulein H. erschien tags darauf in der Sternmetzgerei und wollte meine Mutter und auch mich von meiner unbedingt zu fördernden Begabung für das Klavierspiel überzeugen und die letzte, gewissermaßen ausgefallene Stunde, müsse natürlich auch nicht bezahlt werden. Indes einen Vierzehnjährigen von einer einmal gefassten Entscheidung abzubringen, ist nahezu unmöglich, wie jeder weiß.

Manchmal schlich ich mich doch wieder ans Klavier und versuchte mich an dem einen oder anderen Lieblingsstück, jedoch sehr, sehr selten und so mussten die Stammgäste auf gewohnte Unterhaltungs-Beiträge und Wettgelegenheiten verzichten.

Nikolo und Krampus

Am Samstag vor dem zweiten Advent richtete die „Sudetendeutsche Landsmannschaft" ihre alljährliche „Nikolo-Feier" im Stern aus. Diese Veranstaltung folgte immer einem bestimmten Ritual: Zur Einstimmung sang der Chor Weihnachtslieder unter der Leitung von Ernst Hiltmann, es folgten Gedichtvorträge in Mundart (aus dem Egerland, dem Erzgebirge, Riesengebirge, dem Böhmerwald). Dazwischen gab es musikalische Darbietungen des Hiltmann-Trios, schließlich der Höhepunkt der Feier: der Auftritt des „Nikolo" mit seinem Begleiter, dem Krampus.

Der Nikolaus trat – wie es sich gehört – als würdige Gestalt auf: mit weißem Bart, Stab und Bischofsmütze, gekleidet in einen goldbetressten Mantel. Dazu trug er ein ebenfalls in Gold gefasstes Buch mit dem Register für Lob und Tadel der zu Beschenkenden. Im krassen Gegensatz dazu stand sein Gefährte, der Krampus: ganz in schwarz – wie in einen engen Taucheranzug gehüllt – Hörner an der Stirn und um den Hals eine Eisenkette, an welcher der Nikolo den Gesellen führte. Der Krampus stahl seinem Chef meist die Schau. Er sekundierte durch irres Herumhüpfen und Kreischen den Vortrag des Nikolo und besonders beim Verlesen des Sünderregisters eines „Missetäters" lief er zur Höchstform auf. Dabei – und das beeindruckte überaus – fuhr er seinen Schwanz am Hinterteil wie einen Neckrüssel aus und ein, untermalt von nicht unbedingt feinen Geräuschen.

Die Verteilung der Geschenke war nach den Regeln des „Wichtelns" organisiert. Im Österreichischen kennt man das als „Engerl und Bengerl" und es war somit auch bei den Sudetendeutschen bekannt.
Als Erste wurden wir Buben aus dem Stern aufgerufen. Aus seinem Buch trug der Nikolo alle unsere jüngsten Schandtaten vor und belegte uns dann mit einer Buße, das heißt einem Gedicht- oder Lied-Vortrag. Da ich gern und auch gut singen konnte und kein Lampen-

fieber hatte - kein Problem. Mein Vortrag wurde daher nur wenig vom Gehopse und Geblase des Krampus gestört. Schorsch hatte ein Gedicht vorbereitet, das dem Krampus offensichtlich nicht gefiel. Durch das Gehüpfe und Kettenrasseln kam Schorsch schließlich so aus der Fassung, dass er in Tränen ausbrach. Wie soll man als kleiner Wicht auf so einen Hüpfteufel reagieren? Der Krampus machte das Kraut noch fett, indem er Schorsch anfuhr: „Hör auf zu flietschen, sonst hau´ ich dir eine nei!", was nun gerade die gegenteilige Wirkung hatte. Gewalt gegen Kinder! Was würde der Psychologe heutzutage dazu sagen? Müsste nicht der Kinderschutzbund auf ein Verbot solcher Veranstaltungen drängen?

Schorsch und ich jedoch haben das Ganze ohne bleibende Schäden verkraftet. Der Nikolo sorgte mit einer Handauflegung und lobenden

Worten ob unserer Anstrengungen für eine Befriedung der Situation, und er versetzte dem Krampus nach einem Zug an der Kette auch noch einen kräftigen Tritt in das Hinterteil. Hinterher gab es gleich die Tüten mit kleinen Überraschungen, die man für uns „gewichtelt" hatte. Wir durften - mussten - aber dann den Schauplatz verlassen, denn jetzt kamen die Erwachsenen dran, und zumal da auch Dinge zur Sprache kamen, die nicht unbedingt für kindliche Ohren bestimmt waren.

Diese Nikolo-Feiern endeten nie vor Mitternacht. Sie trugen dem Wirt gute Umsätze ein, verschafften den Gästen ein nachwirkendes Vergnügen - mit mehr als nur sentimentaler Besinnlichkeit - und uns Kindern ein paar Rätsel.

Woher kannte der Nikolo unsere Schandtaten?
Wieso kam uns der fromme Mann so bekannt vor?
Wer war der Berserker im Krampuskostüm?

Den Nikolo hatten wir bald identifiziert: es konnte nur der Arthur Pöschel sein. Er war als „Sparkasserer" einer der Stammgäste im Stern und war lange Zeit der Vorsitzende der Landsmannschaft. Den Nikolo gab er etliche Jahre, nicht nur bei den Veranstaltungen der Sudetendeutschen.

An den Namen des Komödianten im Krampus-Kostüm kann ich mich nicht mehr erinnern. Leider, denn seine Maske und seine Darstellungskunst waren ohne Frage einer größeren Bühne würdig gewesen.

Der Erzähler:

Gottfried Ebenhöh, geb. 1948, ist der Drohung seines Vaters ausgewichen - „Wennst net spurst, wirst Metzger!" - und wurde orthopädischer Chirurg.

Private und berufliche Stationen waren: Ansbach, Pegnitz, Würzburg, Nürnberg, Bayreuth, Werneck. 1988 Aufgabe des blutigen Teils des Handwerks und von da an Chef einer Klinik in Bad Orb im Hessischen.

Dort im „Exil" zunächst ein Kulturschock: Fehlende Bratwurstkultur, Bierausschank in Fingerhüten, saurer Äppelwoi anstelle von Frankenwein und eine mit Zischlauten verunstaltete, eigentlich fränkische Mundart. Das hätte beinahe zur vorzeitigen Rückkehr nach Franken geführt. Drei Töchter und vier Enkel leben folgerichtig in Franken und so ist eine „Repatriierung" unausbleiblich.

Seit der Pensionierung im Sommer 2013 wird deshalb mit der aus Schwarzach am Main stammenden Ehefrau Birgit an deren Herkunftsort ein Zweit- bzw. erneuerter Hauptwohnsitz geschaffen. Damit verringert sich künftig auch die Wegstrecke zum Pegnitzstrand. Dass zur Heimatstadt Pegnitz eine besondere Verbundenheit, ja Liebe besteht, kann man sicher aus den „Sterngeschichten" herauslesen.

Der Illustrator:

Andy Conrad, geb. 1963, diplomierter Grafik-Designer und Fotograf aus Pegnitz, erstaunlicherweise ebenfalls Wirtssohn – seine Eltern betrieben in den 80er Jahren zwei der angesagtesten Kneipen in Pegnitz. Er dokumentiert seine Vorliebe für fränkische Wirtshauskultur auch als Herausgeber des „Landbierquartettes Fränkische Schweiz".

Das „Gestirn"

Die Wirtsleute:
Georg Ebenhöh, geb.1921, Gastwirt und Metzgermeister, Sternwirt 1953 bis 1963
Margareta Ebenhöh, geb. 1922, Küchenchefin, „Kalt-Mamsell" und Hauswirtschafterin in einem, Sternwirtin.

Die Großeltern:
Johann Ebenhöh, geb. 1889, gelernter Steinmetz, „Facility Manager" des Sterns, zu einem Zeitpunkt, als es diese Berufsbezeichnug noch gar nicht gab.
Anna Ebenhöh, geb 1890, zuständig für Kleinvieh, Blumen und hervorragenden Kaffee, oberste moralische Instanz der Familie.

Die Reinigers:
Maria Reiniger, geb. 1919, „Tante Mietz", Schwester der Wirtin. Langjährige Kontoristin und „Mädchen für alles" der Brauerei Knopf.
Josef Reiniger, geb. 1917, „Onkel Sepp", böhmisches Schlitzohr, in Pegnitz bekannt auch als der „Schwammerl-Sepp".
Georg Reiniger, geb. 1947, „Cousin Schorsch", zeitweises Schwergewicht der Familie.

Fritz Geißlinger, der treue Fritz! AMAGler, „Nebenerwerbs-Geselle" in der Sternmetzgerei und Philosoph:
„Es gibt nix Bessres als was Guts und nix Schöners als was Schöns!"

Inhalt: